差別は思いやりでは解決しない

ジェンダーやLGBTQから考える

神谷悠一
Kamiya Yuichi

はじめに

大学のレポートを採点していると、あるいは企業研修後のアンケートを見ていると、「誰かを傷つけないように思いやらなきゃいけないと思いました」というような感想がよく見られます。言葉や表現の仕方はさまざまですが、同じような趣旨のコメントが半数を超えることも珍しくありません。

だいたい「思いやり」「心がけ」「配慮」、あるいは「優しさ」などといった言葉が該当すると言えば、思い当たる人も多いのではないでしょうか。

ふと、なぜこのような感想ばかりが出てくるのか、その理由と、なぜそれに引っかかるのかを考えてみました。

このような感想が出てくる背景には、学校教育におけるジェンダーや人権の扱い方の影響もあるのでしょう。「思いやり」や「優しさ」を基調とする「人権教育」は今なお広く行われているように思います。逆に、有給休暇は労働者の権利であるとか、セクハラを受けたらどうすればいいか、といったような教育は、筆者自身受けた覚えがありません。

けれど、人権というのは、遠い国の遠い出来事でもなく、まさに日々の営みの一つひとつに関わるものです。

また、「思いやり」や「優しさ」といったものが、「かわいそう」ではない人、まして「気に食わない」人を相手に発揮されるかというと、怪しいように思います。人権は「かわいそう」でなかったとしても、「気に食わない」としても、みな有しており、享受できるもののはずです。

このように、少し考えると腑《ふ》に落ちないことばかりであるはずなのに、どうして「思いやり」のような言葉ばかりが飛び交っているのでしょうか。「ジェンダー」や「LGBTQ」といった領域において、授業や講座の感想の過半を占め、それで済ませてしまうのはなぜなのでしょうか。

本書は、人権問題、特に「ジェンダー」や「LGBTQ」の問題を考えたり語ったりする際に、突然「思いやり」が幅を利かせ始め、万能の力を持つかのように信奉されてしまう、この謎を解き明かします（それ以外のことも特に後半で扱っています）。何をするにしても「思いやり」が靄《もや》のように現れ、実際には何も進んでいないにもかかわらず、何かを「やった感」「やっている感」だけが残るという長年の日本の状況。ここに、大学の非常勤教員やNGOの職員、行政の外部委員としてジェンダー課題に携わってきた筆者の経験から、具体的な事例をもとに疑義を呈し、解決策も模索していきたいと思います。

ここまで読んで、「えっ、思いやりって何かおかしいの？」と思った人には、ぜひ一緒に、本書を通じてこの謎を解き明かしていただきたいと思います。一方、「思いやり」と言われて「なんかおかしいな」とすでに思っている人には、この本から少しでも手がかりをつかんでいただき、役立ててほしいと思います。もちろん、広くジェンダーやLGBTQに関心がある、あるいは仕事で関わりがある、積極的に取り組みたいという人には、必ずや近々靄として立ちはだかるであろう「思いやり」突破のために、本書を思考の整理の道具として役立てていただければと思います。

本書は、第1章で、従来の「男女平等」を中心とするジェンダー課題において、「思いやり」が空回りしている事例を紹介します。第2章は「LGBTQ」に関する「思いやり」空回り事例を紹介していきます。そして、第3章では、「思いやり」だけではとてもではないが解決が難しい、「女性」[*1]と「トランスジェンダー」の人権がトレードオフであるという虚構について、見ていくこととします。

第4章はこのような山積する「思いやり」事例を踏まえ、ジェンダー課題に対応する既存の法制度や企業の取り組みなどを手がかりに、「思いやり」万能主義から脱却するための取り組みのヒントを考えていくこととします。第5章は、第4章までの検討を踏まえて、筆者が取り組むＬＧＢＴＱの法制度に関する課題を考えていきます。

最初から読んでいただいても結構ですし、気になるところ、必要なところをまず読んでいただいても分かるような建て付けになっています。まずはパラパラとめくっていただいてもよいかもしれません。

それでは、「思いやり」の謎を解き明かし、そしてその靄を突破する道をご一緒に見つけていきましょう！

本書の基礎知識「LGBTQ」「SOGI」とは

本書ではサブタイトルの通り、ジェンダーに関する課題を広く扱います。同時に、「LGBTQ」などと呼ばれるいわゆる「性的マイノリティ」についてもテーマとして扱っていきます。

このうち「性的マイノリティ」に関する用語を初めに整理しておきたいと思います。「LGBTQ」は、レズビアン（Lesbian 女性同性愛者）、ゲイ（Gay 男性同性愛者）、バイセクシュアル（Bisexual 両性愛者）、トランスジェンダー（Transgender 生まれた時に割り当てられた性別と性自認が異なる人）、クエスチョニング（Questioning 自らの性のあり方などについて特定の枠に属さない人、分からない人、典型的な男性・女性ではないと感じる人）、クイア（Queer 規範的な性のあり方以外のジェンダーやセクシュアリティ）のアルファベットの頭文字を取った造語です。それぞれ違う、けれどもジェンダーやセクシュアリティといった「性」に関するマイノリティであり、似た課題を抱えているというところから、ともに連帯し、より社会的影響力を発揮しようとした際に、欧米圏で作られた造語が「LGBT」であると言われています。近年では、「L」「G」「B」「T」「Q」に当てはまらない、それ以外の性的マイノリティも加えて「LGBTQ＋」などと表記されることがあります。

この「ＬＧＢＴＱ」を考える上で重要なのは、「性的指向（Sexual Orientation）」や「性自認（Gender Identity）」といった概念で、これらは「ＳＯＧＩ《ソジ》」と略されることもあります。ＬＧＢＴＱなどの性的マイノリティは、性的指向もしくは性自認のいずれか、あるいは両方のマイノリティだからです。

私の所属する「ＬＧＢＴ法連合会（一般社団法人 性的指向および性自認等により困難を抱えている当事者等に対する法整備のための全国連合会）」では「性的指向」と「性自認」について、下記の定義をしています（「ＬＧＢＴＱ報道ガイドライン」）。

性的指向：恋愛や性的関心がどの対象の性別に向くか向かないかを示す概念。

性自認：自分の性別をどのように認識しているかを示す概念。

性的指向がマイノリティなのは、レズビアン、ゲイ、バイセクシュアルなどといった人びとです。性自認がマイノリティなのはトランスジェンダーです。他方で、性的指向がマジョリティの人は「ヘテロセクシュアル」、性自認がマジョリティの人は「シスジェンダー」と言います。よく「女性」の医者を「女医」と言いますが、男性の医者を「男医」とは言いません。あるいは、「男性看護師」とは言いますが、「女性看護師」はあまり聞きません。その集団のマイノリティには名前がつきますが、マジョリティは当たり前すぎて、名前がつかないといったことがよくあります。しかし、「性的指向」や「性自認」のマジョリティには「ヘテロセクシュアル」「シスジェンダー」といった名称がついており、マジョリティも「性的指向」や「性自認」に関わっています。

一方で、「性的指向」や「性自認」についてのより学術的な定義もあります。国際人権法学者たちによる「ジョグジャカルタ原則」によれば、「性的指向」を「異なるジェンダーまたは同一のジェンダーまたは一つ以上のジェンダーの個人に対する一人ひとりの深い感情的、情緒的および性的な関心の対象範囲、ならびに、それらの個人との親密なおよび性的な関係性をいう」とし、「性自認」を「身体に関する個人の感覚（自由選択の結果としての医学的、外科的または他の手段による身体的外観または機能の変更を含む）、ならびに、服装、話し方および動作などのその他のジェンダー表現のような、出生時に与えられた性と合致する場合もあれば合致しない場合もある、一人ひとりが心底から感知している内面的および個人的なジェンダー経験をいう」としています。[*2] 興味のある方は「ジョグジャカルタ原則」についてもぜひ調べてみてください。

目次

第５章　ＬＧＢＴＱ課題における制度と実践 ―― 177

図版作成／ＭＯＴＨＥＲ

第1章　ジェンダー課題における「思いやり」の限界

学生のコメントは「思いやり」ばかり

２０２１年12月に発表された「ユーキャン新語・流行語大賞」のトップテンに「ジェンダー平等」という言葉が選ばれました。この「ジェンダー平等」がトップテン入りしたことは、この20年の変遷を考えると、感慨もひとしお、と言えるのではないでしょうか。

なぜなら、２０００年代半ばには、「ジェンダー」という言葉の使用の是非が議論にのぼる「ジェンダーバックラッシュ」の時代があったからです。*3 ジェンダーという言葉自体が特定の価値観を表すかのように言われた時代、ジェンダーに関する取り組み自体が大きくバッシングされた時代から約15年が経《た》ち、「流行語」として「ジェンダー平等」が取り上げられるというのは、時代が大きく変わったという象徴的な出来事であるように思います。

実際に、社会でも「ジェンダーが流行《はや》っている」と言われます。世界で「#MeToo」運動が駆け巡り、国際機関で「ジェンダー主流化」が叫ばれる中、最近筆者が観《み》た人気の海外ドラマシリーズでは、主要人物がみな、「フェミニズムは大切」と口々に語っていました（フェミニズム運動が主題の作品ではありません）。日本でも「フェミニズム」「ジェンダーフリー」などといった言葉が、ファッション誌の表紙を飾るさまも見受けられます。こうした言葉が「危険な思想」などと言われていたころと比べて、カジュアルでおしゃれな言葉であるかのように飛び交うさまを見ると、やはり時代は大きく変わったと思わされます。

大学のキャンパス内でも、ジェンダーやセクシュアリティ、フェミニズムに関する学生団体、サークルがいくつも見られます。中には学生独自で『性的同意ハンドブック』[*4]などの資料を作成したり、ハラスメント被害について調査を展開したりするような取り組みもあるようです。

これらだけでも私が学生だった十数年前ではあまり考えられなかったことのように思いますが、私自身が関わったジェンダー・セクシュアリティに関する授業でも、ジェンダーが「流行っている」と感じられる出来事がありました。

それは、あるジェンダー・セクシュアリティに関する授業の受講者数が、その大学で二番目に多くなったことでした。初回の授業は、受講希望者が教室に溢《あふ》れんばかりに殺到しました（コロナ禍前の出来事です）。なんとか座ってもらおうと、決して小さくない教室の通路に、臨時の椅子を並べて対応することとなりました。翌週以降は、大きな教室を確保する事務手続きが終わるまでの間、二つの教室を確保し、中継でつないで授業を行う、などといった対応にも迫られました。

その大学の専任の先生に伺ってみると、過去数年のジェンダーに関する別の授業の履修者数も、やはりとても多かったとのことで、この授業だけの現象ではなかったようです。

他の大学でも、全15回のオムニバス形式の授業でこんなことがありました。学生がそれぞれの回の講師とテーマを任意に選択し、テストやレポートを提出する授業においてのことです。私が担当した1回分ないし2回分の、ジェンダーやセクシュアリティに関するテーマを選択する学生の数が、受講者数と、選択できるテーマの数に比してかなりの多さとなりました。ここ数年はずっとこうした傾向が続いています。

このように「流行って」いて、「人気」で、「選択」されるという状況がジェンダー課題をめぐって続いています。しかし、学生のみなさんのコメントを見たり、テストやレポートの採点をしたりしていると、首をかしげてしまうこともあります。

それは、「ジェンダーについてもっと気をつけたいと思います」「ジェンダーで苦しんでいる人がいたら配慮したいと思います」「もっと多くの人が思いやりを持つようになったらいいなと思いました」など、「思いやり」をはじめとする「心の問題」を結論に持ってくる学生がとても多いことです。多い時には全体の7、8割にのぼっていたように思います。

よくよくそれらの文章を見てみると、どんなことにどのように思いやったり気をつけたりするのか、その「思いやり」なり「気をつける」なりの詳細には言及がありません。

ある時、こうしたコメントを見ているうちに、「あれ、本当に授業で伝えたいことは伝わっていたのかな」「本当に内容を理解して聞いてもらえていたのかな」と不安になりました。「自分の教え方が悪いのか、何かポイントがあるのだろうか」と思案します。しかし、ふと「隣の芝生」を見てみても、同じような現象が見られました。

例えばゲスト講師を多く呼ぶ授業において、そのゲスト講師が担当した回でも同じような感想が多く見られました。あるいは、前述のオムニバス形式のうち、私の担当以外の授業にもまたがる内容についてのコメントやレポートを見ても、「思いやり」は幅を利かせていました。

とはいえ、大学の授業なんてそんなものだと言う人もいるかもしれません。

確かに私の学生時代を振り返ってみても、私や周囲の友人に、1回1回の授業を大切に、しっかり聞いておこう、などという熱意はあまりなかったように思います。関心のある一部の授業はともかく、「あの授業のタイトル、いやそもそも内容ってなんだったっけ?」というものも相当数あったように思います。内容は興味がないけれど、「とりあえずこの授業も取って単位を確保しておこう」というような履修科目は少なくなかったように思います。関心のない授業を受けている当時の私に「お前ちゃんと聞いていたか!?」と聞いてみて、どんな答えが返ってくるかというと、正直心許《こころもと》ないです。

このようなことを思うにつけ、「じゃあ仕方ないか」と思ってしまいそうになります。しかし、こういう時こそ、教員としての力量の見せ所です。関心のない授業を受けていた、当時の私のような学生にこそ聴かせる魅力のある授業を展開しなくてはならない、この「関心のない学生」との戦いこそが重要だと、思いを新たにいくつか授業の工夫をしてみました。

例えば、テストの前の週の授業で、望ましくない解答例を列挙し、「こういうことを書かないように」と強く注意喚起をしてみました。しかしこれは、多少効果があった痕跡も見えましたが、まだまだ大半が「思いやり」に溢れる回答ばかりでした。こうなると、授業で話したことを聞いてくれているのか、こちらも本格的に不安になってきます。

さらに工夫をこらし、初回の授業から口を酸っぱくして注意喚起してみました。他の先生のアドバイスも受け「期末レポートでは思いやりではなく、差別の社会的構造の変革可能性について言及してほしい」と、初回から繰り返し繰り返し強調してみたのです。さすがにこの授業の期末レポートでは「思いやり」に関する回答は少なくなりました。

よかったよかった、この方法でなんとかいってみようと、大学の授業に関しては一つの光明が見えたのですが……。ここでふとあることに私は気がついてしまったのです。

研修・講座は「万能」ではない

それは「これって、大学以外ではどうなんだろう」ということです。

全15回、毎回ジェンダーやセクシュアリティを中心的に扱う授業でこの状況ならば、単発の企業研修や自治体の講座はどうなるのだ、とにわかに別の不安が胸をよぎりました。

前節で、最近何やら「ジェンダー」や「LGBTQ」が「とっつきやすく、人気」であると述べ、大学のみならず社会全体でそのような傾向が見られると指摘しました。しかし、そういった「人気」のテーマを扱った講座、例えば企業研修、自治体の人権講座や男女共同参画の講座において、果たして参加者は、講師が話した内容をどこまで正確に受け止めているのでしょうか。大学以外のこうした講座においては、別にレポートやテストが用意されているわけではありません。インプットした内容が試されることも確認されることもない「研修・講座」は、果たしてどのくらい効果をもたらしているのでしょうか。

いろいろな場面でジェンダーやセクシュアリティについて取り組む際、「啓発研修が大事だ」ということが言われます。しかし、私のこれまでの経験上、担当した研修や講座で、ジェンダーなりLGBTQなりについての研修や授業を以前に受けたことがあるという人に聞いても、その用語の使い方や内容を正確に覚えている人はかなり稀《まれ》であったように思います。

例えば、毎年行っている男女平等に関する会議において、出席者に「ジェンダー」や「ジェンダーハラスメント」を解説した直後、「女性は噂話《うわさばなし》が好きですから、いろいろ噂が飛び交ってしまうんですよ」などと発言した人がいたことを、私ははっきり覚えています。

かように、「流行って」いて、「人気」で、「選択」されるといっても、「ジェンダー」や「セクシュアリティ」について、1回やそこら、もしかしたら半期の授業を受けた程度では、その内容を正確に認識できるとは言えないのかもしれません。

もちろん、だからといって啓発研修が無駄というわけではありません。ちょっとでもその話題に触れる、あるいは聞いたことがある、そのような機会からすべてのことが始まるのだと思います。

しかし、啓発研修が決して万能ではないということは強調しておいてよいのではないかと思うのです。内容や熱意、そして工夫や意識づけが担保されていない限り、啓発研修「のみ」では、その知識を活用し、日々の生活や仕事において実践できるとは限らない、ということです。

「そんなに教えることがない」のは「思いやり」の課題だから?

一方、このように「思いやり」として処理されがちで、話の内容を覚えてもらいづらいことの裏返しでしょうか、大学でジェンダーやLGBTQについて教えていると言うと、知人に半笑いで「そんなに教えることあるの?」と言われることがよくあります。企業で施策をアドバイスしていると言うと、「アドバイスするほどの内容ってあるの?」などと疑わしげな視線を投げられることもあります。前述してきたように「思いやり」ですべてが解決できるかのような問題だと思っているから、というのは穿《うが》った見方でしょうか。

理論やそれを踏まえた各分野の実態や実践(法制度ももちろん含みます)に焦点を当て、掘り下げていけばさまざまな論点が見つかります。職場におけるいわゆる「女性差別」の課題だけをとっても、男女間賃金格差、その諸要因となる女性の管理職比率、男女の就業継続年数、長時間労働、職階、評価におけるアンコンシャスバイアス（次節で触れます）など、さまざまにあげることができ、それら一つひとつに統計分析や、分析に基づく解決策が存在します（その一端は第４章で解説します）。

ジェンダーをめぐるゆりかごから墓場までの困難のありようについて、詳細に、そして専門的に考えていくならば、例えば、大学の半期15回の授業でも全く足りません。

その意味でも「ジェンダー課題についてもっと思いやりを持ちたいと思います」という一言で思考を停止されてしまうと、本人としては満足かもしれませんが、内容について十分に認識、学習できているとは見なせないのです。

だからこそ、「教えることがあるの？」「アドバイスする内容があるの？」という問いにも、自信を持ってＹＥＳと言えます。現実のジェンダーに関する課題は、社会の至るところに関わっており、例えば経済分野でも指摘され続けています。ジェンダーや人権に関する国際機関だけでなく、２０１７年の国際通貨基金（ＩＭＦ）の研究でも、ジェンダーに関する取り組みの有無で日本の40年後のＧＤＰが大きく変わる、と指摘されていることからもそれは窺《うかが》えます。[*5]「私はジェンダーにあまり関係ない」という人も含めて、「思いやり」で思考停止してしまっていい状況では決してないのです。

こうした問題意識から本書が提起したいのは、なんとなく「へー、ジェンダーって大切なんだ、思いやりが大事だね」というところから一歩進むべきではないか、ということです。

次節からは「思いやり」だけではどんな不都合があるのかを見ていくこととしましょう。

アンコンシャスバイアスを「思いやり」で解決する?

「アンコンシャスバイアス」という言葉が最近いろいろなところで聞かれます。企業や経済団体なども、このテーマについて盛んに取り上げています。

「アンコンシャスバイアス」は平易に言えば「無意識の偏見」です。無意識の偏見をなんとかしようという問題意識があるのであれば、本書のテーマである「思いやり『だけ』では解決しない」ことが認識されているはず、と思っていたのですが、そうでもないようです。

私の友人が「これって本当にアンコンシャスバイアスの調査だと思う?」と言って見せてくれた、あるアンケート調査では、「女性に力仕事はかわいそう」「育児や介護をしながら働くのは難しい」「LGBTは普通の職場にはいない」といった設問がずらっと並び、これらにチェックを付けていくことで自身のアンコンシャスバイアスを測る、という内容になっていました。

アンコンシャスバイアスというのは、まさに無意識の偏見ですから、「女性に力仕事はかわいそう」とか、「育児や介護をしながら働くのは難しい」など、カテゴリーで一般化して人を排除する方向に働く言説について尋ね、その内容について認知して回答したとしても、それはアンコンシャスバイアスとは言えないはずです。

アンコンシャスバイアスと聞いて思い浮かぶのは、採用面接をしていて自分が「男性」ばかりに高い点を付けていた、とか、業績評価をする際に、客観的には同じ仕事ぶりであるにもかかわらず、「男性」は評価がA、「女性」はCになっていた、というような事例ではないでしょうか。後者の評価の理由を聞くと、なぜか「女性」にだけ「協調性がない」「わがまま」など、特に根拠もない理由が返ってくることも往々にしてあるようです。こうした傾向は、過去の女性差別の裁判事例などにも表れているかと思います。

つまり、アンケート調査の例は、「アンコンシャス」ではなく「コンシャス」な偏見を測るものだと思うのです。しかし、意外とこのような誤った認識、あるいは認識の不思議な接合は、あちらこちらで見られるようです。

私がハラスメント関連の研修であるところに伺った際のことです。開会挨拶として、そのトップが自らのエピソードを通して、アンコンシャスバイアスについて触れる場面がありました。

具体的に、家で親が料理や裁縫を子どものためにした、というエピソードを一通り話した上で、料理や裁縫を子どものためにした人について、「男性」と「女性」、頭の中でどちらの性別の人が浮かびましたか、というようなことを参加者に質問していました。なかなか粋な挨拶ではないか、トップ自らこのような話をしてくれると後の研修もやりやすいと、その時は思ったものです。

しかし、その直後におやと思うことが起こりました。それは、そのトップの挨拶の締めの一言でした。せっかくアンコンシャスバイアスに気づいてもらえるようなエピソードを話したにもかかわらず、「だからこそ、思いやりをもって取り組みを行っていこう」というような話で締めてしまったのです。加えて、いつもそういうことに気をつけていると疲れてしまうので、疲れないように「時々」気をつけよう、というおまけが付いていました。「え、自分の意識に上がってこない、まだ気がついていない無意識の偏見を、思いやってどうにかしようというのはどういうことだろう」。そう思ってしまったのは、私だけでなく、聞いている人の中にもいたのではないかと思います。

あえてそのトップの想いに寄せて考えれば、自分が気づいていないことを気づけるように思いやる、ということでしょうか。自分の言動を振り返り、無意識のことを意識化していこう、ということを言おうとしていたのかもしれません。

でも、そうだとしても、それは本当に「思いやり」の一言で済むことなのでしょうか。もうちょっと言葉を補足してほしかったところです。

なんだか「思いやり」が魔法の言葉と化していて、そう言っておけばいいとか、たいていのことは対応できるという認識がこのように表れているのではないか、と思ってしまうのは考えすぎでしょうか。

せっかくアンコンシャスバイアスという言葉も広まったのですから、「思いやり」だけでは済まないということも、同時に振り返って検証してもらえたら、と思うところです。

人権やジェンダーは仕事に落とし込むことはできない？

学生たちの授業の感想やレポートを見ていると「社会に出てジェンダーのテーマを就職先で扱うことはできないけど、個人で思いやることはしていこうと思います」といった記述や、「こういう自分の考えを就職した会社で通すのは難しいと思うけど、この課題をウォッチしていきたいと思います」といったような記述を見かけることがあります。

こういうコメントを見かけるたびに「え？　なんで扱うことができないの？」と思ってしまいます。もしかしたらそもそもやる気がない人もいるのかもしれませんが、簡単にシャットアウトせずにどうしたら扱えるか考えることはできないでしょうか。

職場で、自分のやりたいことを実現する方法というのは、業種業態で違いはあるでしょうけれども、だいたい以下のような段取りが考えられます。

その「やりたいこと」について調査し、資料を作り、どうにかしてアピールの機会をつかみ、プレゼンし、企画を通す。時にアピールの機会を見つけるのに時間がかかる、数年越しになる、それでもチャンスを窺う、このようなケースも少なくないように思います。

そのやりたいことが、オンライン活用による業務の効率化に関することかもしれないし、新しい広告展開の企画かもしれないし、全く新たな発想による商業施設の展開かもしれません。斬新すぎて、すぐには上司に理解されなくとも、さまざまなデータや手がかりを駆使しながら、なんとか通していくというのが職場で自分のやりたいことを実現する方法ではないでしょうか。

これと、ジェンダーに関わることを職場で取り組む段取りに、どれほど違いがあるでしょう。ジェンダーに関する企画は、今の時代さまざまなところで散見します。ジェンダーよりも遠ざけられがちとも思われる「フェミニズム」に関する事柄も、少なくない分野で扱われています。

躊躇《ちゆうちょ》する理由として一つ考えられるのは、「ジェンダー課題に取り組んだら周囲から色眼鏡で見られるのでは（そしてキャリアに関わるのでは）」ということでしょうか。けれども、今や良くも悪くもＳＤＧｓ（Sustainable Development Goals 持続可能な開発目標）が声高に叫ばれ、目標の5番は「ジェンダー平等を実現しよう」となっています。SDGsに絡めて提案することはできるのではないでしょうか。少なくとも、部署などの配置とタイミングを見て、機会を探ることくらいはできるはずです。

もう一つ想定される躊躇の理由として、大上段に構えてしまう、ということも学生たちから感じられます。ジェンダーとか人権とかというと、なんだか真面目にきちんと大掛かりなことをしなければならないのではないか、といった雰囲気が滲《にじ》み出ていることがあるのです。

私が勤めていた時にやってみた最初の些細《ささい》な取り組みは、資料の色遣いでした。資料を作る時に、男は青、女は赤、といった固定的なイメージの配色ではなく、オレンジや黄色、紫を使いながら、ぱっと見ただけでは「性別」が分からないような動物のフリー素材を使い、既存の規範をちょっとずらしてみる、ということをやってみました。伝わる人には伝わるものだし、反響があればやる気にもなります。逆に、こういう取り組みは、分からない人には分からないものなので横槍《よこやり》も入りにくいものです（そもそも反対する理由もありませんが）。

当たり前すぎて、些細すぎて、小手先だと怒られそうだと思うかもしれませんが、最初の一歩として、「資料の色遣い」など、地道にできることはあるのです。

そんなことを考える中で最近目についたのは、P&Gジャパン合同会社の取り組みでした。同社は、ダイバーシティ&インクルージョンの取り組みの三本柱として、「文化」「制度」「スキル」をあげています。「文化」や「制度」はよく見かけますが「スキル」というのは、あまり他では見られないので、目を引くものでした。

P&G社のWebサイトにはこのスキルについて「社員が日々の業務の中で多様性を引き出し、活用し合うスキル（能力）の育成」と書いてあります。[*6]

実際のP&G社の取り組み自体がどのようなものなのか、筆者がつぶさに把握しているわけではありませんが、この発想自体、本節で検討してきたこと、ひいては本書のテーマにも重なるところがあるのではないでしょうか。

取り組む動機が「思いやり」であれ、学習した結果であれ、その動機を形にし、ビジネスなどに活《い》かしてアウトプットしていくためには、ジェンダーに関する知見に加えて、各分野の知見が必要であり、その各分野に落とし込むためにはまさに「スキル」が必要になるはずです。

例えば、ビール・スピリッツメーカーとして有名なキリンビールでは、「女性」社員が子会社としてSPRING VALLEY BREWERY株式会社を立ち上げたといいます。ビールは中高年の男性が飲むもの、という固定的なジェンダーのイメージを覆し、見た目も色とりどりで、飲みやすいクラフトビールが、新たなビール文化をもたらしつつあり、ビール消費者の間口を広げることに貢献しているといいます。*7

このように、職場や組織のさまざまなレベルで、ジェンダーに関連する取り組みを展開することは不可能ではありません。そして、すでにいくつかの先進的な企業はジェンダーの視点をビジネスの場面でも展開しています。そのような企業には、ビジネスを通じてどのようにジェンダー平等の構造的な構築につなげられるかまで、さらに切り込むことが期待されます。

そういう私も、本節の内容を授業で受講者が消化しやすいよう、手をかえ品をかえ、分かりやすく伝えられる、授業の展開に資するスキルを磨かなくては、と思いを新たにするところです。

「思いやり」と同じ匂いがする「周知を徹底する」

「思いやり」と同様に、「あ、この人何もやる気ないな」と思ってしまう言葉として「周知を徹底します」というフレーズがあります。

国会など議会、あるいは審議会などでよく聞かれる言葉です。「周知を徹底する」、確かに耳触りのいい言葉ではあります。ジェンダーの文脈に引きつけて言えば、「男性の育児休業取得について周知を徹底していきます」ということが、何回も何回も、何年も何年も言われてきました。そして、何年も何年も男性の育児休業の取得率は伸びず、一割に届かない状態が続いていました。

このフレーズは、「周知」を「徹底」というところがミソで、別に新しいことを始めるわけではないのです。なので、この「周知を徹底する」ことについては、基本的に反対されることはありません。施策の担当者の立場に立ってみても、以下のように考えられます。例えば役所であれば、特段新しい資料を作るわけでもなく、もう一度同じ資料を送るとか、連絡するとか、そういう対応で済むことが大半ではないでしょうか。企業でも、別段新しい決裁を取らなきゃいけないとか、会議を通さなきゃいけないということも少なく、同じようなことを「徹底して」行うということになるのではないでしょうか。

これが「周知」の仕方を見直して、「より良い周知方法で取り組みます」などであれば、多少は変わるのかもしれません。新しい資料やＷｅｂサイトの更新、新たに周知キャンペーンを始めるなどであれば、多少は効果があるでしょう。

一方、「男性の育休」で考えてみると、その育休の制度自体を変えるわけではありません。担当者の立場に立ってみても、こうした周知の方法を変えるだけでよいのであれば、決裁を取るにしても、そう大掛かりなことにはならないのでしょう。せいぜい運用を変えるために、部署の長などが確認する、後は予算を確保できるか、ということになるのでしょう。

しかし、これが制度そのものを変えるとなると、話は違ってきます。実際に男性の育児休業については、２０２１年に育児・介護休業法が改正されて、育児休業の取得対象者への意向確認の義務化や、「女性」が産後休暇を取得する時期に、男性も育休とは別の「産後パパ育休」などを取ることを可能にする制度となりました。

これによって、「自分が育休？　考えもしなかった」という男性に、企業から意向確認がくることで、まさに「自分ごと」として育休の取得について考えるようになることが期待されます。加えて、育休期間以外でも育児に従事する機会について考えることが増えるかもしれません。あるいは、休暇制度が増えたことで、よりパートナーにサポーティブな対応をするための選択肢も増えるのではないでしょうか。周知の仕方を工夫するよりも、具体的に企業や対象者の「行動」が変わるという点で、大きな変化をもたらすのではないかと思います。

しかし、担当者の立場になれば、これは大変です。特に法律を変えるとなれば、大事になります。役所ならば、幹部はもとより、政治家についても調整、説得が必要になります。中央省庁の場合は、法案を通すことが出世を左右すると言われますから、まさに自分のキャリアをかけた一大事でしょう。地方自治体でも、条例を作るのであれば、自治体の幹部や議会を説得しなければなりません。

企業の場合も、人事制度を変え、さらに予算も絡むとなれば、それなりに大変な根回しを伴うことになるでしょう。制度を作った後も、うまくいかなければ「誰が作ったんだ、この制度」と言われることになるかもしれません。

つまり、大きな変化をもたらす分、それを実行するのも大変です。このように考えていくと「周知を徹底」というのは、口では「思いやり」と言うけれど何も行動を起こさないことの集団・組織版、と言えるのかもしれません。[*8] だから「周知を徹底します」と言われると、「思いやりをもって気をつけようと思います」と同じ匂いを感じてしまいます。

実際日本は、国レベルから企業レベル、はたまた個人レベルに至っても、ジェンダーに関して「周知を徹底」なり「思いやり」なりでお茶をにごし、根本的な問題を放置してきたきらいがあります。研修で伺っても、「思いやり」をはじめ「すぐできること」を好む人は少なくありません。

このような中、２０２１年12月30日の毎日新聞では「『思いやり』だけじゃない　日本企業が世界で問われる人権意識」という見出しの記事が出ていました。記事では、ビジネスと人権の施策の専門家が、「日本では人権を『思いやり』や『優しさ』と同義の、抽象的なイメージで捉えがちです」と指摘し、「今後は人権を『誰にとって何のための権利か』と具体化し、自社の事業や業務の人権に関する課題の全体像を把握することから始める必要があります」[9]と指摘しています。

思わず、ウンウンとうなずいてしまう内容でした。同時に、「やっと思いやり『だけ』ではダメなんだということに焦点が当たり、取り組みの具体化に目が向き始めたか」とも感じたところです。しかし、そんな少し考えれば当たり前のことが、記事になったり、はたまた本書でテーマになっているというのは、まだ、人権＝「思いやり」ではないことに新規性があるという、なんとも残念な状況であることも忘れてはなりません。

制度化に取り組むような根本的な対応になかなかならない状況の裏に「自分が関係するような面倒な話にされるのはごめんだよ」といった「本音」が隠れていると思うのは、弱気な考えでしょうか？

他人事《ひとごと》の象徴としての「何も気にしない」

「思いやり」的な表現として、「何も気にしない」という、一見良さそうだけれども、実際には問題のあるフレーズがあります。

私は前作『ＬＧＢＴとハラスメント』(集英社新書)の中で「『私は気にしない』が『差

別しない』だと思ってしまう人たち」を取り上げました。これは大きな反響があり、この「気にしない」について話してほしい、研修で扱ってほしいという声をいくつもいただきました。

加えて、私も書評を書いたキム・ジヘ氏の『差別はたいてい悪意のない人がする—見えない排除に気づくための10章』（大月書店）でも、似たようなことが、よりさまざまな角度から深掘りされて、「何も気にしない」で済むということがある種の「特権」であることが解説されていました。この「特権」については、今日注目度の高いテーマとなってきています。

そこで、私もこの点について、既存の男女平等に関する課題に引きつけて深掘りしていこうと思います。

この「何も気にしない」を考えるにあたって分かりやすいのは、セクシュアルハラスメントの例です。１９８０年代に女性たちが声をあげ、１９９０年代にかけて司法の場に訴えるなど運動が盛り上がることで、１９９７年の男女雇用機会均等法改正で法的に位置付けられるまでに至ったセクハラ対策ですが、こうした動きが出てくるまでは、職場で「男性」が「女性」のお尻を触ったり、飲み会の際などに、「（職位の高い）男性」が「女性」を膝の上に載せるということが慣習のように行われていた時代がありました。「女性」たちも、なんとなく嫌だけれど、あるいは違和感はあるけれど、耐えるべき当然のことだから仕方がないとされる、そんな時代であったと聞きます。

実際に、その当時を窺わせる驚愕《きょうがく》の事例が、日本労働組合総連合会（連合）が2014年に実施した「女性のための全国一斉労働相談—STOP！セクハラ・パワハラ・マタハラ—」で報告されています。[*10]

過去の話だが、大学卒業後、正社員として勤め始めた。新人研修に行った時、バスでの移動中アダルトビデオを見せられた。当時女性は私1人で、他には上司1人と若い男性20人が車内にいた。（以下略）（50代／正社員／卸売・小売業／関東）

きっと、このアダルトビデオを流した人は「何も気にしなかった」のでしょう。この新人研修の事例は、もしかしたらそれまで男性しかいない職場で、この時たまたま女性が一人入ってきたけれども「何も気にしなかった」ことによって起こったのではないでしょうか。

このような時代の人が、仮に今の時代にタイムスリップしてきて「気にしない」で振る舞ったらどうなるでしょうか。「女性」のお尻を「気にしない」で触ったり、「女性」を「気にしない」で膝の上に載せたり、「気にしない」で「新人研修の移動中のバスの中でアダルトビデオを見せ」たら……。

大事件となり、さまざまな新聞やニュースサイトのトップを飾るのではないでしょうか。今日ではアダルトビデオの例などは、「女性」はもちろん、「男性」の中からも、こういう行為によって嫌な思いをした、と訴え出る人がいることでしょう（もちろん当時もこのようなことが明らかになれば「事件」になったかもしれませんが、今とは受け止め方の大きさが違うと考えられます）。

今日に至る間に、司法もセクハラに対しては厳しい判断を下してきています。セクシュアルハラスメントという言葉が広まる大きな契機となった福岡出版社事件（福岡地裁1992年4月16日判決）では、被害者の女性（原告）の性的な噂を流したり私生活を揶揄《やゆ》したりしたことを不法行為と認定していますし、海遊館事件（最高裁2015年2月26日判決）では、性的な「発言」のみを理由とした降格処分が違法であるとの原告の訴えを最高裁は退け、「発言」のみでもセクハラが成立すると示しています。実際に「触る」ことがなかったとしても、セクハラとして法的に責任が問われる状況となっているのです。

このように「何も気にしない」人たちも、少なくともセクハラに関しては気にせざるを得ない状況、本人が気にしなかったとしても責任を問われる状況になってきたのではないでしょうか。他にも、女性当事者の声や最高裁判決などから、妊娠・出産に関するハラスメントである「マタハラ」や育児や介護に関するハラスメントを防止するための法制度が整備されました。加えて、パワーハラスメントやその中に位置付けられた「ＳＯＧＩハラ」についても、大企業・地方自治体には２０２０年６月施行の改正労働施策総合推進法（パワハラ防止法）で防止措置が義務付けられ、２０２２年４月からは中小企業にも同様の義務が課されています。この中小企業への適用によって、さらに法的な裾野が広がることが期待されます。このように、セクハラ以外のさまざまなハラスメントについても、「何も気にしない」という状況が、少しずつ変わっていくのではないかと思います。

ただ、前述の連合の労働相談には、今も「無理矢理キスをされた」「恋愛ならばセクハラではないと言われた」などの典型的なセクハラの訴えが寄せられているようです。法制度が施行されてもそれはスタートであって、根絶にはまだまだ時間がかかると思います（根絶に至らない要因と指摘される日本のハラスメント対策の法制度――「防止」法制の問題点は後述します）。

思いやりではむしろ不具合が起きてしまう場合

ここまで、思いやりだけでは解決しない事例やエピソードについて述べてきました。本節では、思いやりではむしろ不具合が起きてしまう事例について言及しておきたいと思います。何をそんな当たり前のことを、と思う人もいるかもしれませんが、「思いやり」が不具合を起こすというと、意外と驚かれる方もまだまだ多いように思います。

非正規雇用で働いているパートタイム社員が正社員に転換する、という例は、職場ではたまに見かけますが、こういった状況に思いやりだけで対応しようとするとトラブルとなってしまうことがあります。特に、基準が明確な転換制度を作っていない職場において、

「思いやり」で転換させると、不具合が生じる懸念があります。

規模の大きな企業において、制度なしにパートタイム社員が正社員に転換するのは特にハードルが高いと言えるでしょう。どんなにそのパートタイム社員が良い働きをしていたとしても、その人だけを正社員に転換させるとなれば、パートタイムで働く他の人とどのように違うのか、職場や地域が違う人、さまざまなパートタイムの社員がいる中で、なぜその人なのか理由が求められます。理由をあげることができたとしても、その理由は、他のパートタイムで働く人にも納得のいくものである必要があります。

制度なしで第一号ということであれば、その時点から同じ条件を満たすパートタイム社員も正社員にする必要性が出てくることになるかもしれませんし、それが新たな制度作りの契機にもつながり得るのではないでしょうか。すると、ある一人のパートタイム社員を「思いやり」で正社員にする、ということでは済まない問題となってきます。そのため、「この人を正社員にしたい」と思ったとしても、「思いやり」だけで、転換させることは難しいのではないでしょうか（客観的な諸条件が揃《そろ》えば制度導入などの契機になることは考えられます）。

一方、規模の小さな企業では、制度がなくとも転換させるのが比較的容易かもしれません。社員がみな目の届く範囲で働いていて、この人なら正社員にしてもいいということが社内で合意できる状況であれば、誰かの「思いやり」でパート社員が正社員へ転換することもあるでしょう。

ただ、その場合でも、次にその小さな企業において、パートタイムで働く別の人が正社員に転換したいと申し出たけれども、正社員にすることが難しい場合などは、トラブルとなるかもしれません。以前に正社員に転換した人と、自分がどのように違うから正社員になれないのか、という話になるからです。もちろん、その時の企業の財務状況やその見通しなど、さまざまなものが判断には絡みますが、働いている人からすれば、どうしてあの時はよくて、この時はダメなんだ、と不公平に見えるでしょう。

このようなことは正社員転換以外の多くの場面でも起こり得ることです。例えば社内の相談窓口の対応などではより顕著かもしれません。窓口での対応にあたり、そこには特段の制度やガイドラインがない状態であるとします。Aさんが相談に行くと思いやり溢れる良い対応だが、Bさんが相談に行くと「普段から態度が悪い」とされていまいちの対応をされる、という状況を見ることがあります。逆に、相談対応をする担当者がCさんならば思いやりに溢れる対応だけれど、Dさんが担当者だと思いやりのない、そっけない対応になる、ということもあるでしょう。こういう窓口は結局、社内の公式相談窓口であるにもかかわらず、社内の人間関係で位置付けが変わる「えこ贔屓《ひいき》著しい相談窓口」ということになってしまいます（公式で設ける意味が問われてしまいそうです）。

もちろん、制度やガイドラインがあっても似たようなことは起きるかもしれませんが、制度やガイドラインがあれば「最低限行わなければならないこと」が担保されます。それを行わない相談員は、後でその制度やガイドラインをもとに、対応の瑕疵《かし》について責任を問われることになるのではないでしょうか。

このように、制度やガイドラインなしに対応してしまうと、「思いやりのある・なし」「気に入る・気に入らない」で対応が大きく分かれてしまうことがあり得ます。そして、その対応の差が、パートタイムから正社員への転換など、当人の人生を大きく左右してしまう場合では特に、紛争となることが考えられます。

ちなみに、特に「女性差別」は、昔からこのような曖昧な基準が人びとの人生を左右してきた分野です。あの女性は協調性がない、あの女性はやる気が感じられない、果ては「女性」自体が能力に問題がある、などと、企業側が今で言うところのアンコンシャスバイアスを発揮し、昇進を阻んだり、採用を拒否したりして、数多くの訴訟が起こされてきました。男女雇用機会均等法は、これらの訴訟の積み重なりの上にできている法律ということもできます。

ところで、男女雇用機会均等法には「間接差別」に関する規定もあります。第七条で、性別以外を要件（条件）とするが実質的に性別を理由とする差別、例えば、職場の昇進の要件として、転居を伴う転勤ができること、これを合理性なく設けることなどを間接差別として禁止しています。育児や介護などが「女性」にばかり重くのしかかる今日の状況、または「女性」が「単身赴任」することが周囲からも容認されづらい状況において、転居を伴う転勤という要件は、実質的に「女性」が満たすことが難しい基準であるとされているのです。実質的に「女性」が満たすことが難しい転勤を、必要な能力と関係ないにもかかわらず昇進の要件として付すること、つまり合理性がない場合には、転居を伴う転勤を要件とすることが「間接差別」と認定されるのです。

このように、間接差別とは、一見、性別による差別とは関係のない「転勤」を基準にしているルールが、実際は性差別として機能していると認定できる仕組みです。[*11]

間接差別は、それが性差別であることが、一見して分かりづらいものでもあります。したがって、間接差別を見抜くためには一定の知見が必要になるのです。また、差別だと訴えても、訴えられた側に知見がないと「何を言っているの？ 別に性差別ではないよ」と一蹴されてしまうかもしれません。しかし「ほら、均等法のここに書いてある」と言えば、「そうか、差別なのか」と納得する人も出てくるでしょう。納得されなくても、裁判で争う一つの根拠となります。

「思いやり」は、個々人の「気に入る」「気に入らない」といった恣意性に左右されやすいものであり、不具合が起きてしまうものです。思いやりも人それぞれ、ということになると、そこで保障されることも人それぞれでしょう。そんな普遍性のないものを「人権」と呼べるのでしょうか。また、上述の通り、間接差別のような一見して分かりにくい差別に対しても、「思いやり」は是正に力を発揮できないのではないでしょうか。

そう考えると、「思いやり」って一体何なのだろうと思ってしまいますが、少なくとも

「思いやり」だけではなく、制度「も」不可欠ではないかと思うのです。

法制度の少なさも「思いやり」ばかりの要因

よく、人権というと、「権利、権利と主張しすぎ」といったことが言われます。しかし、日本にはそもそも、「性別」や「人種」といった差別に関する法律が少なく、人権一般をカバーする法律も、かなり乏しい状況にあります。

「人権教育及び人権啓発の推進に関する法律」（以下「人権教育・啓発推進法」）という、人権一般を正面から捉えた、日本では数少ない法制度があります。この法律は、その名の通り、行政による人権教育や人権啓発の取り組みを促進する効果のある法律で、特に専門家が人権教育とはこのように行うものという方向性を示すのに役立っていると指摘される一方、この法制度に基づく取り組みは、「心がけとか思いやりとか、私人間の関係性のレベルにとどまっている」という指摘もあります。[*12] また、法に基づく教育などの取り組みの中で、「権利教育の面が弱くなりやすい。心も社会によって規定されているところが大きく、人権侵害を支えている文化やしくみにも目を向けることが重要である」との指摘もなされています。[13]

人権とはどのようなものか、どういう権利があるのか、どのように権利行使すべきなのか、ということを教えることは重要です。権利行使ができないと、例えば「若者を使い捨てるような企業」に入ってしまった場合、脅されて退職できなくなるなど、不当な目に遭ってしまいます。「心がけ」や「思いやり」だけではどうにもならないことがあり、権利を適切に行使するための教育が必要だというのは、確かにその通りでしょう。

ただ、「権利行使」をいざしようと思った時に、どういう権利が保障されているのかというと、これが大変乏しい現状にあります。「若者を使い捨てるような企業」に対応できる労働法は一定程度整備されていますが、それでセクハラや性差別を受けた人が救済されるかというと、いまいちの状況なのです。つまり、被害を受けても、行政や司法が助けてくれるかというと、必ずしもそうでもない、という恐るべき状況が日本社会にはあります。

こうなると、確かに、「じゃあ結局『思いやり』以外に何ができるんだ」という話にもなりかねないと妙に納得してしまったりもします（民法の一般条項などできることがあるとはいってもハードルが高いです）。

そもそも「人権教育・啓発推進法」は、人権一般を扱うほとんど唯一の法律ですが、教育・啓発を実施するための行政の体制整備以外のことは規定がなく、実際の権利の保障には至っていないという致命的な課題があることも、他に人権一般に関する法律がないことと併せてこのような状況になっている一因でしょう。

ジェンダーに関しては、個別法として男女雇用機会均等法が従来の「男」「女」への性差別を禁止していますが、この法律の効果はあくまで雇用の場にとどまるものです（しかも、56頁に記載の通り「禁止」はしていても、法を守らせる力は強くありません）。他方、男女共同参画社会基本法という法律もありますが、これは「基本法」の名の通り、人権を保障するために直接的に効果をもたらす条項がありません。行政などの取り組みがどの方向で行われるべきか、そのための体制などを規定した法律に過ぎないためです。また、均等法も基本法も、今のところ従来の「男」「女」がベースとなっているところにも限界を指摘できるでしょう。このように、雇用以外の場面での（従来の「男」「女」）性差別に対処する法律はなく、従来の「男」「女」以外の性的指向や性自認に関する差別に対処する法律もないのが日本の現状です。先進国では、雇用以外の場でも性差別を禁止する法制度を持つ国が多数となっています（例えば、原則としてEU全域をカバーする、EUの「財・サービスへのアクセスと供給にかかる男女均等指令」は、トランスジェンダーのアクセスの平等も保障しています）。

本節冒頭にあげたように、「権利、権利と主張しすぎ」とか「差別がどうとか、もう十分」などと言われることもありますが、むしろ、ほとんど法律がなく、守られたり、保障されたりする分野がとても少ないのが日本の現状です。どこかで「何かあったら訴えればいいや」と思っている人には、訴えたとしても認められないという事実にも目を向けてほしいと思います。

一方で、自分たちの権利が法制度で保障された経験や実感が少ないからこそ、「なぜ一部の人が特別に守られるんだ」と言いたくなるのかもしれません。法制度が充実することで、法制度が使えるものである、道具になるものである、法制度で救済された経験がある、という実感が広まる。そうなれば、「思いやり」だけでは保障されない「人権」や「権利」が実感されやすくなるのかもしれません。

「禁止」と「罰則」の関係とは

ここまで、「思いやり」だけでなく、法制度が不可欠だという話をしてきましたが、他方で法制度があればなんでもよいわけでもないということも述べてきました。

本節では、日本のハラスメント防止法制の欠点として長年言われてきている、ハラスメント「防止」法制はあるが、「禁止」法制はない、という話を見ていきたいと思います。

2018年に当時の麻生財務大臣が「(日本には)セクハラ罪っていう罪はない」と発言し、この発言に世間は関心を寄せました。しかし、この関心の寄せられ方、報じられ方に、法制度をめぐる認識の錯綜《さくそう》も垣間見《かいまみ》られました。一体どういうことでしょうか。

実は、日本におけるさまざまなハラスメント「防止」法制は、ハラスメント行為をしたことに対して、直接的な法的効果がないと言われています。「防止」法制は、「職場における服務規律等を定めた文書に、ハラスメントを行ってはならない方針等を明確化すること」と「職場における服務規律等を定めた文書に、ハラスメントに係る言動を行った者に対する懲戒規定を定める」ことを企業などの事業主に義務付けています。しかし、法律はそのような文書を用意しておけと言っているものの、実際にハラスメントそのものを禁止していない、つまりハラスメントの法的な位置付けについては明らかにされていません。言い換えれば、法で定めることとされた禁止規定なり懲戒規定なりで企業などの事業主が処分するように促してはいますが、裁判などの場において効力を持つ法律にはなっていないのです。このような「防止」制度は、裁判の参考となることはあっても、ハラスメント加害者に対して、直接的に効果を発揮するわけではないとされています。

そのため、国連の女性差別撤廃委員会は、セクハラの禁止規定を法的に位置付けるべしと日本に対して勧告を繰り返しています。また、国際労働機関（ＩＬＯ）の２０１９年総会で採択された「仕事の世界における暴力及びハラスメントの撤廃に関する条約」（ＩＬＯ第１９０号条約）でも、第４条で「ハラスメントを法令で禁止すること」が求められています。日本はＩＬＯの場において、条約の採択には賛成票を投じたものの、国内法が追いついていないことを理由に条約を批准することができないとしています。

この「禁止」を法制化する際に、反対意見としてよく言われるのは、「罰するのはおかしい」という論調です。先に触れた麻生発言の報道に併せて、マスコミの多くも、「禁止」

と「罰則」をイコールのものとして報じました。「禁止されているんだから、それをした人は罰せられるのだろう」と、当然の前提であるかのように報じていたのです。

しかし、そもそも法律で「禁止」が定められるだけでは「罰せられる」ことはないのです。「禁止」規定に加えて、その規定に違反した際の「罰則」が法で設けられて初めて、禁止された行為が「罰せられる」ことになるのです。

例えば、最低賃金法は第四条第一項で最低賃金を下回る額の賃金支払いを禁じていますが、同時に、第四十条でこの第四条第一項に違反した場合は「五十万円以下の罰金に処する」としています。この場合、最低賃金を下回るという禁止行為に違反すれば「五十万円以下の罰金」が科せられることになります。

一方で、男女雇用機会均等法の第五条は、企業等の募集や採用の際の性別による差別を禁止していますが、最低賃金法のような刑法上の「罰則」を設けていません。行政から「指導」などの働きかけは行えることになっていますが、「罰金」や「懲役」が科されることはないのです。

この点は、私たちＬＧＢＴ法連合会も「ＬＧＢＴ差別禁止法」を求める運動の中で繰り返し説明してきているのですが、政治家もメディアもいまだに違いを峻別《しゅんべつ》できていないように思います（ゆえにことあるごとに繰り返し説明しています）。

しかし、どうしてこのような議論の混線が、たびたび起こってしまうのでしょうか。私が思うに、自分に累が及ぶことへの恐れも、背景の一端にあるのではないかと思います（この点、第3章の冒頭でも整理しています。そちらも併せてご覧ください）。

実は、子ども同士のいじめについては、すでに日本で「禁止」されています。いじめ防止対策推進法では、「防止対策推進法」という名称ながら、第四条で「いじめの禁止」として、「児童等は、いじめを行ってはならない」という条項を置いています。しかし、この条項にも罰則はありません。「禁止」することが防止対策にも資すると捉えているのかもしれません。[*14] いじめはあってはならないことですが、いじめなのかそうではないのかの微妙な行為というのはさまざまなところで見られます。いじめの「禁止」は、いじめに関する行為はダメだというメッセージを広く社会的に発信する一方、かなり明確にいじめがあったと認定される場合でも、現状では他の罰則（傷害罪とか恐喝罪）の対象とならない限りは刑事的な罪には問われないこととなっています（その是非は議論があるところだと思います）。

ハラスメントの「禁止」をめぐる議論は、これと同じようなものです。「性犯罪」とならない場合は、「禁止」されていても即座に「罰せられる」わけではありません（それでいいのかというところは後述します）。しかし、セクハラは「罰する、罰しない」に馴染《なじ》む議論ではない、という意見の下、あるいは「罰せられたくない」という「本音」もあるのか、長年議論が前に進んでいません。

前述のいじめ防止対策推進法は、あくまで児童等、すなわち小学校・中学校・高校の児童・生徒が対象ということになっています。これが、教員と児童・生徒間、もしくは教員間の「いじめ」だと「ハラスメント行為」となり、ハラスメント法制が適用になります。つまり、「いじめ」も「ハラスメント」もほとんど同じ行為ではあるけれど、法律上の「いじめ」は子ども同士に限定されます。

このように並べてみると、子ども同士なら「禁止」してもよいが、大人が絡むと「禁止」できないのか？　と勘繰ってしまいたくなります。結局、自分が加害者になるかもしれないがゆえに禁止されたくない、禁止したくない、ということなのでしょうか。

禁止を破ってもただちに「罰せられない」ということを書きましたが、一方で、罰則があることの是非について、もう少し踏み込んでみたいと思います。

本節冒頭に、麻生発言を引き合いに出しました。当然、既存の「性犯罪」のカテゴリーに当てはまるような「セクハラ」は、「性犯罪」として罪を問われます。しかし、それ以外の「セクハラ」を新たに禁止し、かつ罰則を加えようとすると、「罪刑法定主義」の原則から、「罰則」の対象となる「行為」をかなり限定的に定めなくてはなりません。すでに「性犯罪」に関する法改正の議論でも、「性犯罪」として罪を問える「行為」の範囲がかなり狭いと指摘されています。具体的には、現行法の性犯罪となる行為そのものが狭いことや、被害者が「抵抗」したかどうかなどが性犯罪となるかの分水嶺《ぶんすいれい》となってしまうことを踏まえ、「犯罪」となる範囲の対象拡大を求める声が高まっています。

セクハラに対して「性犯罪」とは別に罰則を科そうとしても、同様の議論が出てくることとなります。今は、企業内でセクハラはやめようと、微妙な場合も含めてかなり広い行為について予防・啓発が呼びかけられています。また、いじめ防止対策推進法で禁止されている「いじめ」も、こういう類型でないといじめに当てはまらない、などと規定されているわけではなく、一定の人間関係がある児童・生徒間の「心理的又は物理的な影響を与える行為（インターネットを通じて行われるものを含む。）」で、「当該行為の対象となった児童等が心身の苦痛を感じているもの」が「いじめ」である、とかなり広い定義となっています（第二条）。

これに対して、性犯罪と同じように、セクハラに罰則を科そうとすると、「〇〇は罰則の対象となるセクハラ」「〇〇は罰則の対象にならないセクハラ（ただ、民事裁判で責任を問われることはあり得る）」と分かれることになります。それがどういう社会的効果を及ぼすかは、検討が必要になりそうです。

いずれにせよ、「罰則」を科すことにはある種のメリット・デメリットが、ハラスメントをなくす立場に立ったとしても考えられます。

ただ、私見ではありますが、命を脅かすようなハラスメントであれば、罰則を科すこともあり得ると思います。フランスなど、ハラスメントに対して罰則を科す国はすでに存在しています。どのようなハラスメントが命を脅かす、罰則を科すべきハラスメントなのか（現行法で「犯罪」になっていない範囲はどこなのかなど）は、今後議論して詰めていくべきですが、明確に行為が規定されたものであるならば、「罰則」の対象とすることもあり得るでしょう。そうなれば「ハラスメントなのか曖昧なのに、知らないうちに罰せられた」云々《うんぬん》という議論はあり得ません。それでも「やっぱり分からない」という人には、さすがに犯罪となる要件くらいは「勉強してください」と言わざるを得ないでしょう。

コラム① ジェンダーの定義はさまざま

本書で繰り返し取り上げている「ジェンダー」ですが、これは「社会的・文化的に形成された性別」と一般的に定義されています。この「社会的・文化的に形成された性別」は、内閣府の男女共同参画基本計画の「用語解説」にも示されている定義です。

この定義は、第1章の冒頭でも触れた2000年代のジェンダーバックラッシュの最中に、内閣府の男女共同参画基本計画に関する専門調査会が有識者へヒアリングするとともに、国際文書での使われ方を調査する中で、整理された定義です。

その一方で、学術的に、社会学分野などでよく参照されるのは、構築主義の立場から歴史家ジョーン・W・スコット氏が定義した「身体的差異に意味を付与する知」でしょう。どの身体的特徴を社会の中で意味あるものとしているのか、特権的に扱っているのか、これらは「文化や社会集団や時代によってさまざまに異なっている」[*15]ことになります。その中で、どこに「意味を付与」しているのか、どこから「性差」という「認識」が生成されているのか、これを見抜く概念、いわば「スコープ」としてのジェンダーを、スコット氏は定義しています。

他方、日本の社会学者である加藤秀一氏は、ジェンダーの入門書『はじめてのジェンダー論』[*16]の中で下記のような定義を示しています。

私たちは、さまざまな実践を通して、人間を女か男か〈または、そのどちらでもないか〉に〈分類〉している。ジェンダーとは、そうした〈分類〉する実践を支える社会的なルール〈規範〉のことである。

加藤氏は、この定義を用いることで「性別に関係するさまざまな種類の現象たちの間のつながりを、よりすっきりと見通せるようになる」と述べています。私も、語弊を恐れずに分かりやすく言えば、頭の中で「男」「女」と振り分ける、振り分け機そのものが「ジェンダー」であると説明することがあります。いずれにせよ、分野によっても、あるいは文化や歴史によっても「ジェンダー」という言葉の使われ方は異なっています。

第2章　ＬＧＢＴＱ課題における「思いやり」の落とし穴

私に起きた「事件」の場合

コロナ禍で一時中断されていたものの、まだまだ日本社会において飲み会文化は根強いように感じます。筆者が２０２１年の暮れに友人たちと訪れた飲食店は、お酒を楽しむ客で溢れかえっており、一時期の静けさとはうって変わった様相を目にしました。

ところで、飲み会に誘われることに関するトラブルが、最近よく聞かれるようになってきました。業務時間ではないけれど、実際は業務時間のように半強制的に参加させられる飲み会はいまだに多くあります。そういった飲み会に「善意の思いやり」で誘われることもよくあります。「この人とつながれるから来たらいいよ」とか、「親睦を深めよう」といったことで誘われる飲み会に心当たりはありませんか。こうした飲み会に関連して、2021年には、「飲み会を断らない」と豪語する官僚への賛否も飛び交いました。

職場の関係では、飲み会ではなく他のことに誘われてしまうこともあります。「男性」が、「男性」仲間や上司から性風俗や性的なやりとりが起こり得るお店に誘われること、これが断りづらくて困っているという新聞記事が2020年に出ていました。[*17] この事例は「同性間セクハラ」の事例とも言えるもので、こうした「思いやり」からくる同性間のセクハラ被害はまだまだありそうです。

このようなさまざまな「思いやり」がもたらす事例を目にする中で、筆者自身も一つの「事件」を体験することとなりました。それは「親族の食事会」の出来事です。

「親族」とは、多くの性的マイノリティにとっての「鬼門」です。科研費の調査グループが実施した2019年の無作為抽出の調査によれば、自分のきょうだいや子どもが性的マイノリティ当事者だった場合、自分の近所の人や同僚だった場合よりも嫌悪感がはね上がるという結果が出ています。[*18]「親族」についての、直接の調査結果は出ていませんが、「きょうだい」や「子ども」の延長線上にあると考えられ、嫌悪感が高いと推測されます。実際、当事者の中では長らく、親族との会にどのように赴くべきかについて話題となることが多く、親族はある種の鬼門とされてきました。

「事件」は、仕事と旅行を兼ねて親族たちが住む地へ赴くことが、ひょんなことから親族側に漏れ伝わったことで始まりました。気がつけば、祖父、叔父、義理の叔母、従兄弟《いとこ》による、私を囲む食事会が設定されることとなりました。

その鬼門の会をセッティングされた私は、当初うかつにも「あーそういう会があるのかあ」などとぼんやり考えるだけだったのですが、途中で、はたとあることに気がつきました。「あれ？　その囲む会で私は一体何を話せばいいんだろう？」

一般的に、職場やその延長線上の飲み会などにおいて、性的マイノリティがプライベートな話をすることができなくて辛《つら》い、ということは、さまざまなところで指摘されています。国際労働機関（ＩＬＯ）も、以下のように言及しています。


差別的な扱いや暴力を恐れ、ＬＧＢＴの労働者の多くは自身の性的指向を隠します。レズビアンやゲイの回答者は、職場の会話ではパートナーの名前を変えたり、私生活についての話そのものを避けると報告しています。こうしたことは相当の不安につながり、生産性の喪失も招きます。*19

ただ、職場であれば、プライベートな話を避け、仮にプライベートな話題に及びそうになっても、仕事の話に話題を戻すようにすれば、なんとか事なきを得ることができます。もちろん、それがいかに大変で、神経を使うものであるかは、私自身も身をもって経験してきたところです。

ところが、私のようにLGBTQに関する事柄を仕事にしていて、プライベートでも自身のセクシュアリティが関わるとなると話は変わります。つまり、「仕事」の話をするのも、「プライベート」な話をするのも、両方困難なことになってしまうのです。

しかも今回のようなケースの場合、セクシュアリティが明らかになることによる私への嫌悪感だけでなく、私の両親と親族たちとの間の人間関係にも影響を及ぼすことが考えられます。さらに、人間関係が比較的密な地方では、何かの拍子に、どこまでも話題が広まってしまうことも十分あり得ます。そもそもアウティング（本人の性のあり方を、同意なく第三者に暴露してしまうこと）という概念自体を知らない、念頭にない人も多いことでしょう（なお、トランスジェンダーの場合は、どのような服装、髪型で出席すればいいのかなどの困難も抱えます）。

実際、この点を両親も懸念していたようです。両親に「プライベートはもちろん、仕事の話もLGBTQに関わるのだが、私は一体何の話をしたらいいのか」という趣旨のショートメールを送ってみたところ、「両方の話題とも、はぐらかせ」と両親とも返答してきました。私のセクシュアリティが知られると、90歳の祖父はショックで大変なことになるから、ともかく穏便にやり過ごしてほしい、という意向でした。

私を囲む食事会で、私自身の仕事とプライベート両方の話をはぐらかしながら、なんとか会を終えるというのは、一体どういう風にやればいいのだろうか、と考えあぐねてしまいました。そもそも、相手は私をもてなしているつもりでも、私にとっては苦痛でしかありません。しかし、両親が理由をつけて会自体をなくすよう取り計らうこともなく、むしろ片方から「あなたのためにセッティングしたのだから」と言われてしまい、結局参加せざるを得ませんでした。

実際は、その会では、祖父が話好きということもあって、あまり私自身のことに深く言及されることはありませんでした。何やら政治的なことをしていて（私の本業は「市民活動」で狭義の意味での「政治活動」ではないのですが）、大学でよく分からないけれど何かを教えているようである、という人に、何を言っていいのか向こうも話題に困るということだったのかもしれません。「大学では何を教えているの？」などと聞かれることもあったのですが、「えーと、社会学、かなあ……」などと末尾がフェードアウトするようにはぐらかしていると、そこから自然と、従兄弟や祖父の最近の話題に移っていきました。「よし！　話題をつなげない、話題を発展させない、ということに終始すれば、なんとか終わる！」そう思った矢先のことです。

その会は、祖父と叔父家族が同居する家のリビングの食卓で催されたのですが、私の席の後ろのテレビから、「ＳＤＧｓ５番」の特集なるものが流れてきたのです。振り返ると、翌日会う予定の性的マイノリティ当事者の方の特集番組が始まっているではないですか！

何やら食い入るように見る小学生の従兄弟、テレビをスルーし続ける他の親族たち。いつ何時この話題に移るかしれないと、張り付いた笑みを浮かべながら適当に話をあしらう私。

一つひとつの話題に神経を研ぎ澄まし、どの話題がどこにつながっていくのかを予測しながら、話題が発展しないように先回りして、できるだけ他の人の話題となるように誘導していく……。この努力は一体何なのだろう。

そう思う私をよそに、私をもてなす、という親族たちの善意の思いやりはとどまるところを知りません。他方、私の心の中の冷や汗もとどまるところを知りません。そこからの記憶は曖昧なのですが、結局、90分そこそこで、私は「人と会う予定があるから」と言い放ち、ほうほうの体でその場を後にしたことだけは覚えています。

その後、両親にこの「惨状」を報告したのですが、片方から返ってきたのは以下のようなメッセージでした。

「あなたみたいに家族が嫌いな人は知りません」

ええ!? 家族が嫌いとか好きとかの話ではなく、そもそも自分のことをありのままに話すと嫌われるからはぐらかせ、という話なのではないか。なぜそこから家族が嫌いという話にまとめられてしまうのか、それはおかしいのではないか、などなど手をかえ品をかえ説明しようとするのですが、全く暖簾《のれん》に腕押しでした。

もちろん、親としては、せっかく親族なり親なりが息子のために会を催してくれたというのに、その善意に対して文句を言うなんて、ということなのでしょう。けれど、その結果起こったことは、双方にとってメリットのない、「思いやり」が空回りするような出来事です。親と私のそのやりとりは平行線をたどり、決裂しました。

一連のやりとりを終えると、今度は、たまたま実家に居合わせた弟から、両親が私をめぐり喧嘩《けんか》し始めたというメッセージが送られてきました。一連の出来事を説明すると、「兄貴も大変だなあ」というような返信が届きました。

その数時間後の翌朝未明、私に対して「あなたみたいに家族が嫌いな人は知りません」と送ってきたほうとは別の親から「ごめんな」というショートメールが送られてきました。

さて、この一連の出来事、私からすれば、まさに「思いやり」が空回りし、本書のテーマである、思いやり「だけ」では解決しない、むしろ不具合が起きるという事例の一つと考えます。

この後、たまたま友人から「親」をめぐるさまざまなエピソードが寄せられました。いわくカミングアウトをしたら「同性愛が治るのを待っています」という趣旨の手紙を親から受け取った、いわく「それでもいつか異性と結婚するんだろ」と言われた、などなど、親や親族をめぐるエピソードは跡を絶ちません。

それぞれの発言自体は、子どもや、身内を思ってのことなのかもしれません。親自身にも葛藤があることでしょう。

しかし、ぜひ知っていただきたいのは、その善意の「思いやり」が、決定的な関係の断裂につながってしまうこともあるということです。「思いやる」際にはせめて相手の背景にも思いを致してほしいと思います。

もちろん、こうした困難を抱えるのは、ＬＧＢＴＱに限りません。さまざまな形でジェンダー規範から「逸脱する」人たちが、さまざまな場面で、その困りごとの構造や背景を看過されて「事件」に遭遇しているのではないでしょうか。

カミングアウトをされる＝「解決しなきゃ」ではない

カミングアウトをされたら、何か課題を「解決」しなければならないのではないか、と考える人は少なくないようです。特に、企業の人事の方などから、カミングアウトされた際に社内の施策としてどのようなことに「配慮」すればよいのか、ということをよく聞かれます。

もちろん、困りごとがあって、それを解決する施策導入の契機にしてほしいと考え、あえてカミングアウトする人もいることでしょう。あるいは困りごとを解決するために、カミングアウトせざるを得ない状況に立たされている人も少なくないと思います。そういう人たちのサインを見逃さないことも大切なのですが、どうも見ていると、「解決」ありきで受け止めてしまうパターンも多いようなのです。

厚生労働省の委託事業の調査において、職場でカミングアウトをしている人に、カミングアウトをした理由やきっかけを尋ねると、レズビアン・ゲイ・バイセクシュアルも、トランスジェンダーも、上位に「自分らしく働きたかったから（セクシュアリティを偽りたくなかったから）」[*20]と「職場の人と接しやすくなると思ったから」が並び、具体的な施策に関わる回答が上記に続いています。[*21]しかし、どうして「自分らしく」や「接しやすく」なのか、そんなのマイノリティじゃなくてもそう思うじゃないか、というように受け止める人も多いようです。そのため、なんで困りごとの解決につながらないカミングアウトをするの？　カミングアウトはリスクもあるのではないか？　などと頭の上にはてなマークが飛ぶこともあるようです。

前節で紹介したように、日常会話一つひとつに冷や汗を浮かべながら、コミュニケーションを取っている、または取らざるを得ない当事者は、学校や職場を中心に多くいます。この話題が来たらこう答えて、こっちに話題がいってしまったから話題を戻して、などと、本来であればいちいち気を遣わなくてもいい人間関係に神経を研ぎ澄まさざるを得ないのが日本社会の現状です。その意味で、カミングアウトする人たちというのは、余計な気を遣わずに日常的な会話をできるようになることがまず大事であり、それが「解決」すべき問題であることも少なくありません。その先、カミングアウトすることによって利用できる社内の施策については、その手前の日常的なコミュニケーションにまず目がいくことから思いが至らない、という場合も少なくないようです。だからといって施策が必要ないわけではなく、施策が必要な差し迫った状況にある人がいることにも留意すべきです。当事者側が、円滑なコミュニケーションがとれないことこそがまず「解決」すべき課題である、と認識している状況においては、カミングアウトをしても差別やハラスメントを受けない職場環境の整備について想像がしにくいことも考えられます。それは「実現するのか？」と思えてしまうこともあり、施策導入が選択肢から除外されることも多いように思います。

こうした状況の背景には、カミングアウトをすると、差別やハラスメントを受けてしまうという社会状況があります。そのため、文字通りの個々人のコミュニケーションに矮《わい》小《しょう》化《か》して捉えるべきではないでしょう。

話を戻すと、この当事者の置かれた状況や想いが、当事者以外からはなかなか見えないようです。だから、「カミングアウトをされる＝何かを解決しなきゃ」と思ってしまうことが少なくないのでしょう。それが先走ってしまうと、施策や環境を変える権限のある人に、本人の同意を得ずにセクシュアリティを伝える、「善意のアウティング」につながってしまうこともあります。あるいは解決ありきで話を聞いて、当事者とすれ違ってしまう、ということもあるようです。

また、カミングアウトをする理由として、円滑なコミュニケーションのためだけでなく、何かがあった時のため、アウティングが起こった時のため、あるいは来るべき職場や学校の多くの人へのカミングアウトに向けて、「保険」の意味合いでカミングアウトをする、という場合も見聞きすることがあります。

今の職場環境で、今の管理職に、万が一でも自分のセクシュアリティが明らかになると、差別や偏見によって明日からの生活がどうなるか分からないと予測される場合、あるいは、特に差し迫った危機感はないけれど、万が一の場合に備えて「味方」になってくれたら嬉《うれ》しいという理由からのカミングアウトも、上述のような円滑なコミュニケーションの確保と併せて見られます。

いずれにしても、差別や偏見がなければこんなにカミングアウトに神経を使う必要もないわけですが、現在の社会状況では、その都度難しい判断を当事者が背負う形になっています。当事者の「円滑なコミュニケーション」や「保険」に、なんで付き合わされなきゃいけないんだ、と思う人もいるかもしれませんが、当事者本人たちこそが、本来付き合わなくてもいい、これらの困難に付き合わされているということを、まず踏まえる必要があるでしょう。カミングアウトされた場合には、ぜひ、そのような背景とも向き合ってもらいたいところです。

「カミングアウトしなきゃいいんじゃない？」は思いやりか？

前節に関連しますが、企業や大学関係者の話を聞いていると、「なんでわざわざカミングアウトをするの？　カミングアウトすると危険な目に遭ってしまうのではないの？」という話を聞くことがあります。

一見思いやりのある発言のようですが、その実「そんな面倒なことを言われたくない」と思っている人もいるようです。

当事者がカミングアウトをするリスクやアウティングによるリスクについては、異動や退職勧奨といった差別的取扱いやハラスメントを受けるケースが報じられ、徐々に知られるようになってきました。

しかし、カミングアウトしないことによる大変さ、というのは意外と知られていません。日常会話の些細なところにまで気を遣わなくてはならないストレスなど、カミングアウトしない場合も大変な状況に置かれるのです。

この点、厚生労働省のリーフレットでも「カミングアウトは一人ひとりに対して行われることが多くあります。カミングアウトしない（できない）方も日常生活を送るにあたり、さまざまな困りごとに直面する場合があります[*22]」と取り上げられ、周知が始まってきています。

ここまで繰り返し述べていますが、差別や偏見がなければ、このようなカミングアウトするかしないかという葛藤自体に苛《さいな》まれる必要がありません。しかし、差別や偏見があるからこそ、このような葛藤に苛まれ、カミングアウトするかしないかという「選択」を迫られてしまいます。

この点、イブ・K・セジウィック氏は、以下のように述べています。

個人的なレベルにおいてさえも、ゲイであることにもっともオープンである人々でさえ、個人的に、経済的に、あるいは組織的に、自分にとって重要である誰かの前ではあえてクローゼットの中にとどまろうとする場合が非常に多い。さらに、異性愛主義《ヘテロセクシスト》的《ト》前提には破壊的な弾力性があり、結果的にゲイは、『ピーター・パン』の中のウェンディのように、うとうと眠っている間にさえ、新しい壁が次々とまわりに立ち現れるのを意識せざるを得ない。新しい上司、ソーシャルワーカー、融資担当者、家主や医師は言うまでもなく、新しいクラスの学生との出会いのたびに、新しいクローゼットが出現する。そのクローゼットが持つ危険で独特な物理的法則と光学的法則によって、少なくともゲイの人々は、出会いのたびに新たな探査、新たな計算、秘密にするか打ち明けるかの新たな必要条件と設計図とを、必要とするのである。すでにカム・アウトしたゲイでさえ、日々、（彼女がゲイであることを）知っているか知らないかわからない人と会話を交わし、つきあわなければならない。*23

セジウィック氏はカミングアウトしていない状態を「クローゼット」に入っている状況に喩《たと》えて、このように述べています。これは、「ゲイ」に限らず多くの性的マイノリティに当てはまることです。出会う人ごとに「この人にはここまでカミングアウトしよう」「この人には全く話さないようにしよう」「この人には全部話せるかな」などといちいち考えなくてはならない状況は今なお続いています。そんないちいち考えなくとももと思われるかもしれませんが、現在の社会状況で「平和に」生活しようと思えば、多くの当事者が考えざるを得ないのです。

当事者の中には、この点について無意識に苦もなくやっているように見受けられる人もいますが、ごく「自然な」基本動作として、話題をあちこちへ持っていくようにすることに慣れていたとしても、その分の思考の負担は、肩こりのように気づかないうちに堆積していきます。

こうした社会状況の中で、「カミングアウトしなきゃいいんじゃない？」と安易に言ってしまうことが当事者にどう受け止められるかは、想像に難くないところではないでしょうか。

「特別扱い」「逆差別」とはどう違うのか？

学生たちからの授業の感想としても、そして企業研修の質疑応答の時間でも、決まって言われることがあります。それは「ＬＧＢＴＱ」とか特定のカテゴリーについて考えるのは「差別」なのではないだろうか、という素朴な問いです。「ＬＧＢＴＱ」を対象に施策を打つのは「差別」なんじゃないか、あるいはＳＮＳ上などではそういう施策は「逆差別」ではないか、といったことまで言われています。一方、自分がＢＬ（ボーイズラブ）を好きなことは、異性愛ではないところに面白みを感じるという意味で「差別」的なのではないだろうか、と悩む人もいるようです。

こういう話を聞くと、同じように対応することだけが差別をしないことではない、ということを声を大にして言いたくなります。

例えば、前節までにあげたような「カミングアウト」をめぐる問題を念頭に置いてもらいたいのですが、カミングアウトしていないＬＧＢＴＱと、ＬＧＢＴＱではない人が、最近のプライベートにおける感動的な出来事について、できるだけ詳細に語る競争を行ったとします。すると、当然に、ＬＧＢＴＱではない人のほうが有利になります。ＬＧＢＴＱの人は、カミングアウトのリスクを恐れて、自分のプライベートについて語ることに制約が出てしまうためです。

もちろん、ＬＧＢＴＱの中には制約をものともせず、類い稀な頭の回転と、ストーリーテリングで、一番を取る人もいることでしょう。しかし、統計的に見れば、話す内容（多くの場合中心的テーマ）に制約のある人とない人とでは、有意に差が出ることは明らかではないでしょうか。

このように、置かれた状況が違うにもかかわらず、同じルールを適用したり、同じ競争に放り出すことは、必ずしも社会的公正とは言い難いものであり、近年このような状況を問う声のさらなる高まりが見られます。

いわゆる「ポジティブアクション」と呼ばれる取り組みはもちろんですが、前章で紹介した「間接差別」についても「実質的に差別となるルール」という、ルール自体の歪《ゆが》みをあぶりだす仕組みと言えます。ポジティブアクションや間接差別というような枠組みでなくとも、そもそも労働法自体が、強い権限を持つ使用者に対して、力の弱い労働者という力関係を踏まえ、民法をそのまま適用するべきではなく、力の強弱を踏まえた特別法としての労働法が必要だという見地から制定された法制度となっているはずです。

当たり前になりすぎていて、今さら「最低賃金」や「有給休暇」制度などに疑問を呈する人は少ないように思いますが、比較的最近知られるようになったＬＧＢＴＱの課題や「男女平等」の課題についても、同じように対応しなければおかしいという声が出てきてしまうようです。すべてを同じように扱うとどうなってしまうのかを、もう少し考えてみてもよいかもしれません（もちろん、労働法などがそうであるように、「制度」や「集団」ではなく個々人に対して、「この人は好きだから優遇」「この人は嫌いだから冷遇」ということになると話は違ってきます。それはレベルの違う話です。あくまで統計的に、ある「集団」が不利になることが明らかである場合には、一律に同じ対応ではいけないということとなります）。

「何も気にしない」顧客対応の落とし穴

前章でも取り上げた「何も気にしない」ですが、ＬＧＢＴＱの文脈でも「何も気にしない」ことが組織対応上の問題となる場合があります。個々人のレベルだけでなく、私的、公的を問わずサービス提供の場面などでも見られますし、「何も気にしない」が「失敗」につながっている例が見受けられます。

最近、ＬＧＢＴＱの対応について、企業、役所を問わず、いろいろなところで耳にするのが、「うちはきちんと同じように対応しているので大丈夫ですよ」という声です。その後に「実際にそういう性的マイノリティの方に対応した事例もあるんで」「どちらかといえば良い対応ができたかと思っています」などと続く場合もあります。

実際に、福祉関係の窓口でトランスジェンダーの当事者に「良い対応」をしたという人から事例を聞いたことがあるのですが、カミングアウトや性別適合手術などといった当事者の生活における重要なポイントの認識がズレていたり、「性的マイノリティであったがゆえの生活の混乱」とか、それが「周囲の人に与えた影響」などについてわざわざ言及するなど、むしろ差別や偏見があるのでは？　と思わされる発言もありました。

全日本自治団体労働組合（自治労）に設置され、私が座長を務めた自治研作業委員会では、『LGBTQ＋／SOGIE自治体政策』を作り、その中で相談窓口対応についてもまとめています。窓口対応に関連した生活保護についてのコラムでは、同性パートナーと生活保護、トランスジェンダーと生活保護といった論点について、窓口担当者が判断を誤りそうな点について解説しています。例えば、同性パートナーと遠距離で生活しているが、ケースワーカーにカミングアウトできていない／していない場合、「友人」に会いに行く交通費が嵩《かさ》んでいることについてどう判断すべきかなどがあがっています。パートナーとの関係性など個別のケースによりますが、法的に「家族」ならば遠方であっても行ってよいのに、長年連れ添ったが法的に家族ではないパートナーは会いに行くのが難しいと判断されたらどうでしょうか？　当事者としては、一般的に性的マイノリティに対する嫌悪感が高いとされる家族との仲が険悪なのに、パートナーではなくその家族に会いに行くように勧められたらどう感じるでしょうか？　他にも、ホルモン療法を受けるトランスジェンダーに対して、よく知らずにホルモン療法は「無駄遣い」と断じて治療を中断させてしまうと、心身の体調を崩し、希死念慮が高まるなど、かえって自立の阻害要因につながる懸念があることなどが紹介されています。[*24]

福祉関係の窓口の事例に限らず、一次対応を行う担当者が、課題やその構造を把握していないからこそ、窓口に行くこと自体を忌避してしまう、あるいは話せないといった事例は、性的マイノリティやジェンダーに関わる課題のさまざまな場面で見られます。

「思いやり」にとどまらず、その先の「施策」へ

当事者を取り巻く環境について表層的に捉えてしまうと、その環境の大変さを見誤ったり軽視したり、あるいはその環境がどのような環境なのかが全く分からなかったり、とい

うことが起こります。あるいは、過剰に「個人」の問題として捉えてしまい、個々人が「良かった」「悪かった」の問題に矮小化してしまう場合もあります。

あるLGBTQについての講演で、この本でここまで述べてきたような、思いやり「だけ」では解決しないことや、「何も気にしない」がなぜ問題であるかについて、カミングアウトやアウティングに絡めながら話したことがありました。その講演の終了後に、こう言われたことがあります。

「こっちも別に飲み会で口説くわけじゃあないんだし、別に誰を好きでも関係ないんじゃない？」

講演では、「何も気にしない」ことに潜む問題についても話をしたつもりなのですが、どういうわけか、「だから特別なことは何もしなくていいじゃない」と脳内変換されてしまったようです。

その場では「カミングアウトすると差別やハラスメントの懸念があるから大変」などの説明を尽くし、だから日常会話にも困難があることを改めて話しました。すると、その人から最後に出てきたのは「でも確かに、(カミングアウトできないことを背景に)嘘《うそ》を吐《つ》かれるのは困るなあ。いろいろ考えてみます」という一言でした。

結局自分がどう関わり、どう不利益を被らないようにするか、ということにしか興味がないのかと、ちょっと落胆したのですが、これは「自分ごと」にならない限りはどうでもいい、ということかもしれません。その人が個人的に「嘘を吐かれるのは困る」というのであれば、ぜひその先にまで掘り下げてもらえればと期待するところです。

他方で、その人の場合、特に課題を感じるのは、「たいしたことないから大丈夫なんじゃない?」という安易さを感じさせるところです。こういう反応がくると、「本当にその大変さが分かっていて〝大丈夫〟だと言っていますか?」「適当に〝大丈夫〟だと言っていませんか?」と突っ込んでみたくなります。

相手の置かれている状況を的確に把握し、アドバイスするというのは、なにもこの課題に限りません。丁寧に課題に向き合おうとすれば、専門職でなくても、必要不可欠なことのはずです。逆に言えば、「たいしたことないから大丈夫」というのは、丁寧に課題に向き合う気がない、ということの表明にも思えてしまいます。つまり「なんか面倒くさそうだから、とりあえず大丈夫って言っとこう」みたいな感じでしょうか。

とはいえ、答えの見えない謎解きに、みんながみんなチャレンジできるかといえば、必ずしもそうではないのかもしれません。だからこそ答えが見えない「なんか面倒くさそう」なことに挑むよりも、「たいしたことないから大丈夫」となってしまうことは、致し方ないとは言いたくありませんが、そうなる人がいることは分からなくもありません。

思いやり「だけ」にとどまってしまうのも、もしかしたら似たような構造なのかもしれません。思いやり以上に何をすればよいかということが必ずしも明らかでなく、そのモヤモヤした謎解きにまで突入したくないので、「思いやり」と述べるにとどまるのかもしれません。

こういう安易な結論に至らないようにするためには、私たち施策を推進する側としてもひと工夫が必要になります。

このような時、誰でも一定程度対応できる「施策」というものが登場するのではないでしょうか。マニュアル化された対応、トラブルに対する規定や制度などは、全員がその課題のスペシャリストでなくとも、ある程度の水準の対応をする上で不可欠なものであるはずです。加えて、今回紹介したケースのように、関心が深まるよう、その人にとって「利益」になることを示すのも、注意は必要ですが、効果があることなのでしょう。

もちろんマニュアル化されたがゆえに、マニュアル以上のことができない人が出てくるという問題はあります。柔軟に対応できない／しない、自分で考えることをしない担当者による弊害も、他の課題ではよく聞くところです。

しかし、LGBTQの課題は、マニュアル化にすら至っていないところにあります。一部の人の職人芸のような取り組みはあるけれど、それ以外の人はマニュアルすらないので、「思いやり」にとどまってしまっているのではないか、というのが本書の問題意識です。

第4章以降で、そんな課題をどう解決するか、安易な「大丈夫」や「思いやり」にとどめないための施策について検討します。すでにジェンダーの領域で制度に取り入れられている仕組みや考え方を紹介する中で、制度化されていない領域においても、現場ごとに展開していくことである程度の課題が解決するのではないか、という提案をしていきます。ぜひ、課題の次は「解決」にも目を向けていただければと思います。

「放っておいてほしい」胸の内も考えてみる

性的マイノリティの課題に取り組む際に、たまに「当事者の意見」として寄せられるのは、「余計なことをせずに放っておいてほしい」というものです。確かに、施策や取り組みなんていらないから「放っておいてよ」と感じる人は一定数いるのだと思いますが、そうではない理由で「放っておいてよ」と思っている人もいるのではないでしょうか。

そもそも、ジェンダーに関する差別やハラスメントを受けた場合に、「自分に責任があるから、自分でなんとかしなきゃ」と思ってしまう傾向は、過去にも見られました。

1992年に労働省が実施した「女子雇用管理とコミュニケーションギャップに関する調査」では、「性に関する不快な経験を少なくするための方策」、すなわちセクハラへの方策として、「女性」の最も多かった回答は、「女子自身が毅然《きぜん》と対応する」（44・2％）でした。逆に、今では法律で義務化されている「性的いやがらせがない会社を作ることを企業の方針のひとつとして決める」はたったの14・1％に過ぎませんでした。[*25]

ある意味、多くの女性たちが「自分で毅然と対応する」から、会社の方針にするなんてそんな大それたことはしなくていい、制度や施策のお世話にはならずに自分で解決します、と思っていたということではないでしょうか。

もっと言えば、制度や施策でこうした「ハラスメント」の問題が解決するとは思えない、ということだったのかもしれません。セクシュアルハラスメントに関する法律ができるまでは、ハラスメントに関わる法律は日本には一つもなく、法律で解決する事項だとは多くの人が思っていなかった、ということかもしれません（前章で紹介したように、今でも法律で対応することが馴染まないと考えている人がいるくらいですから）。

翻って、性的マイノリティに関する状況はどうでしょうか。性的指向や性自認といった事柄を制度化!? そんな大それたことはしなくていい、制度や施策のお世話にならないで自分で解決します、という人も一定数いるように思います。もしくは、安易な「思いやり」で痛い目に遭うくらいなら、放っておいてほしい、そんな人もいるかもしれません。[*26]

しかし、これらはセクハラの法整備がなされる前とよく似た状況ではないでしょうか。

そもそも、性的マイノリティに関わる事柄については、「性同一性障害者の性別の取扱いの特例に関する法律」、そして本書でも紹介してきたようなハラスメントに関する法制度の中に一部が登場するくらいで、他には全くと言っていいほど制度化されていません。

だからこそ、性的指向や性自認といった領域に制度が入り込んでくることに対しての警戒感を呼んでいるように思います。そもそも、既存の制度から少なからず「いないもの」とされ、対象外となり、排除されてきた性的マイノリティにとって、今さら制度が自分たちの状況を改善してくれるとは思えない、という思いもあるのかもしれません。

もちろん、施行当初の過渡期には、制度の適用が必ずしも円滑にいかないことがあるでしょう。けれど、他の領域で見ても、例えばＤＶの課題は「ＤＶなんてない」と思われていた時代から、制度によって統計をとり始めたことで課題が可視化されています。特にコロナ禍では、一層厳しい状況が数字として表れ、社会的に話題となり、行政が追加的な対応を行う例も見られました。育児休業だって、「まわりに迷惑をかけないように産前産後休業で十分」というような人もいた時代から、徐々に、女性はもちろん男性も育休が取得できるように、個別に制度対象者への周知を義務化するというところまできています。

社会はこのように、長いスパンで確実に変わります。けれど、黙っていて変わるのではなく、人びとの声、特にその節目節目の制度化が、声を大きく後押ししてきました。

一方で、「放っておいてほしい」と思う側の人にも、あるいはそういう人が周りにいるという人にも、述べておきたいことがあります。それは、「放っておいてもらえれば」その人はよくても、制度がないと大変な人も他にたくさんいるのだということです。

実際に、前掲の厚労省の委託事業の調査でも、LGBとTのそれぞれ過半数が何らかの施策を「行われたら良いと思う取組」としてあげています。[*27]今この瞬間は不便がなかったとしても、本人も、周囲の人も、少し環境が変わればどうなるか分かりません。また、「いつかは○○な世の中に」と言っていても、少しずつでも状況が変わらないと、それはずっと訪れなくなってしまいます。

私たち施策を推進する側としても、制度によって良くなると実感できるケースや実績を積み重ねなくてはと日々思うところです。同時に、すでに関連施策を導入する自治体などで、一定の積み重ねがなされてきているところもあり、これをもっと広めなければとも考えています。そして、より多くの人が「良くなった」と思えるようにするには、やはり何よりも法制度が導入される必要があり、一層の状況改善を望むには、これが一番の近道だとも感じます。

コラム② 「なんでもハラスメントになる」は言い訳？

ハラスメントについての講演や研修をしていると、よく「最近はなんでもハラスメントになるのでおかしいと思う」というような感想をいただくことがあります。なるほど、確かにハラスメントは個々のケースによって、ハラスメントになったり、ならなかったりします。

しかしながら、根拠なく「それはハラスメント」だと口頭で言われる程度ならばともかく、裁判をはじめ、出るところに出て「ハラスメント」と認定されるのは、極めて狭き門です。ハラスメントが認定されるには、一定の客観性を求められ、指標となる「類型」なども存在します。

もちろん法制度としても、ハラスメントとはこのようなもの、というものが決まっています。セクハラもパワハラも主観に加えて客観性が考慮されることは制度に明記されています。

また、ハラスメントが起きやすい状況についても、地位だけでなく、キャリアや力量などといった、広い意味での「パワー」の差があるかないかということはよく言われます。他方、置かれている立場によってものの見え方が変わること、あるいは相手が送っている「嫌がってはいないが」「笑っているが」実際は拒否しているというシグナルが分からずに、ハラスメントを続けてしまうなど、いくつかのポイントも存在します。

こうしたハラスメントになりやすいポイントを見ることなく、ただ「なんでもハラスメントになる」という人は、ちょっとどうなのかな、と思ってしまいます。むしろ、こうしたポイントを見ない人こそが「なんでもハラスメントになる」と言っているようにすら思えます。

例えば、「なんでもハラスメントになる」と言っている人は、エクセルのフィルタ機能を使わずに、目視でデータを確認し、並べ替え、分類している人、と喩えると分かりやすいでしょうか。フィルタを使わずにデータの並べ替え、分類を行おうとすると、膨大な労力がかかります。例えば、筆者もＷｅｂサイトに来訪する人の、サイト内の移動についてのデータを整理する仕事に就いたことがありますが、何万件、何十万件を目視で処理するのは、とてもではないが無理というものです。

ハラスメントも、エクセルにおける「フィルタ」に当たる、「法則」（エクセルの関数もそうですが）を考えずに処理しようとすると、ひたすら事例を一つずつ覚えて対応する必要があります。

もちろん、ハラスメントは電子データのようにすっぱりと分類できるものばかりではありませんが、「専門家」はハラスメントになるかならないかの判断を、ハラスメントになりやすい「ポイント」を踏まえて判断しているのであって、やみくもに「感覚」だけで判断しているわけではありません。何のポイントも踏まえずに判断するのは、それこそ膨大なデータを一つひとつ目視で分類、並び替えているのと変わりません。すると、「あれもハラスメント」「これもハラスメント」と見えてしまうのも仕方ないわけです。

ここまで繰り返し述べてきたことですが、思いやりを持って気をつけていても、気をつけようと念じていても、ジェンダーの問題は解決しません。自分が加害者にならないように、あるいは被害者として窮地に陥らないようにするためにも、ハラスメントとなるポイントやその背景について学び、適切に把握していくことをお勧めしたいと思います。

第3章 「女性」vs.「トランスジェンダー」という虚構

自分が「差別をする側」に回ることも受け入れる

具体的な論点に入る前に確認すべきことがあります。それは、どんな人も自分が差別をする側に回らずにいるのはあり得ない、ということです。

前章までにさまざまな「思いやり」をはじめとする、ジェンダーやLGBTQの課題に対する人びとの反応について述べてきました。これらについて、ダイアン・J・グッドマン氏は、社会的公正への「抵抗」に言及しています。グッドマン氏は、「抵抗」について、「偏見とは異なる。偏見とは、ある特定の社会集団についてあらかじめ持っている先入観、思考や信念である。抵抗とはその人の考え方ではなく、多様な考えをどれだけ受け入れられるかの問題である。偏見をなくすには自分なりの解釈や思い込みを自覚し、検証する必要があるが、そのように自己を深く突きつめて考えようとしない気持ちこそが抵抗なのだ」と説きます。まさに、本書が「思いやり」として取り上げてきたことはグッドマン氏の述べる「抵抗」であると言えるでしょう。

加えてグッドマン氏は、社会的公正への抵抗の根底に、制度的構造と支配的文化の価値観が強く存在することを指摘しています。こうした社会的・文化的・政治的・経済的な要因が、個々人の心理的な要因と相互に影響しあい、人びとの認識や、理解、行動に影響をもたらすとしています。具体的には、自分自身の痛みや苦境に目が行くようになり、辛い感情を避け、自己の統合性や自尊心を保とうとする、というのです。[*28]

つまり、差別をしてしまうのは必ずしも個人のせいだけではなく、社会や文化などといった構造によって個人が動かされているし、個人もそのような社会や文化を再生産していると言えるでしょう。だからこそ、本書で述べるように、個々人の「思いやり」では限界があるのです。

そして、どんなに専門家であったとしても、あるいはマイノリティ当事者であったとしても、この構造から完全に解放されることは難しいと言えます。

例えば、女性学の研究者である上野千鶴子《ちづこ》氏は、同性愛者に対する過去の発言への批判に弁明するとして「わたしは同性愛差別者だった」と節のタイトルに掲げ、過去の自身の発言を振り返っています。レズビアンとゲイ、それぞれに対して議論を展開しており、一連の文章自体が1990年代のフェミニズムとゲイスタディーズ、レズビアンスタディーズそれぞれの交差を検討する資料として、現在でも一読の価値があるものです。[*29]

ここで本書が取り上げたいのは、女性学の研究者の上野氏でさえ、課題が似ているけれどもやや異なる領域である、「セクシュアリティ」に関する差別意識から完全に解放されるのは難しかったということです。

加えて、別の観点ではありますが、上野氏は、ミソジニー（女性嫌悪）から自由な人びとはこの社会にいないとして、自らについても完全に解放されていると言えば嘘になると言及しています。[*30] マイノリティであったとしても、メインストリームの価値観を内面化し、偏見を持つことからは解放されないことを表していると言えるでしょう。

しかしもちろん、本書は「だから仕方ない」と述べるつもりはありません。差別をしたら、その誤りをその都度反省し、自分なりに検証していくことが求められます（まさに「抵抗」せずに）。加えて、そのように誤るものであるからこそ、誤りを（構造的な観点も踏まえて）検証し続け、是正していくというプロセスから何人も逃れられないのを認識することが何よりも大事だと思います。

その意味で、上野氏が過去の発言を振り返って、誤りを認め、その認識や経緯について触れた著作を出していること自体が評価できるところです。誰しも差別をする側に回るということがあり得る、けれども、差別をしてしまった場合は、そうした言動を振り返り、謝罪し、自分なりに検証して反省する。これは当たり前のようで、誰もができることではないのかもしれません。

多様性に対して忌避的な傾向が見られるシスジェンダー・ヘテロセクシュアルの年配の男性、いわゆる「粘土層」と呼ばれる人びとを粘土層たらしめているのは、まさにこの部分であるように思います。グッドマン氏が指摘するように、社会の中で多様な価値観を認められないように仕向けられているので、「マイノリティ」よりも自分自身の痛みや苦境のほうを主張する。それは、自らの「罪悪感、恥、悲しみ、怒り、無力感といった辛い感情から自分を守るためである場合もある」[*31]ものです。この一節から、具体的な人や場面が浮かぶ人も多いのではないでしょうか。しかし、差別を個人化しすぎると、「絶対に失敗できない」「絶対に差別する側に回れない」と、「差別をしてしまう自分」を認められない方向に強化してしまう恐れもあります。

このように、社会構造によって一連のプロセスに仕向けられることは、この粘土層と呼ばれる人びと以外にも見られるように思いますし、それが専門家でも例外ではないように思います。

第1章のアンコンシャスバイアスの節でも言及したように、差別とは意図的に行うものばかりではなく、むしろ無意識に、気がつかずに、当たり前ではないことを当たり前のことと思い込んで看過することから行われることのほうが多いものです。そういった意味では、気づかずに差別をしてしまうことは、誰であれ、その分野の研究者であっても例外ではありません。

繰り返しますが、大事なことは、それが差別なのではないかと頭をよぎったり、指摘されたりした時に、社会的な背景も含めて冷静に捉え直し、ジェンダーを捉える際の認識がそうであるように、自分の頭の中の無意識の分類、カテゴライズの修正を厭《いと》わないことではないでしょうか（もちろん謝罪が必要になる場合もあるでしょう）。このことを論点に入る前の前提として確認しておきたいと思います。

トランスジェンダーをめぐる言説の現状

最近、ＳＮＳ上を中心に、あたかも「女性[*32]」と「トランスジェンダー」のそれぞれの差別問題が、二律背反の対立する問題であるかのように語られることがあります。中には、トランスジェンダーを性犯罪者であるかのようにみなす言説もあります。本章ではこの「女性」と「トランスジェンダー」は対立するという虚構について探っていきたいと思います。

まず、どのような言説が出てきているのか、見ていくことにしましょう。

そもそも、トランスジェンダーをバッシングするような言説は、今、国際的に見られています。イギリス議会において下院議員のマリ・ブラック氏は、トランスフォビア（トランスジェンダー嫌悪）の動員は今や極右勢力の戦略の一部であり、集会などで堂々と検討されていると報告しています。そのターゲットは、「女性」「性的暴行のサバイバー」などであるとしています。そして、その不安や恐怖心につけこみ、嫌悪や不信を煽《あお》り立てているとしています。しかし、トランスジェンダーは、女性と同等かそれ以上の貧困や性暴力被害を受けていると説いています。[*33]

この報告によれば、「女性」と「トランスジェンダー」が対立するかのような言説は、極右勢力が行っている印象操作であるとされています。

こうした状況を背景に、日本国内ではトランスジェンダー当事者の遠藤まめた氏をはじめとする、トランスジェンダー当事者や支援者によって運営されている「trans101.jp――はじめてのトランスジェンダー」のサイトに、トランスバッシングについて、主だった言説が紹介されています。加えて、その言説に対するQ&Aも掲載されています。

例えば、「『トランスジェンダーの運動により性暴力がたくさん起きている』とする主張や『トランスジェンダーがこんな性加害を行った』と英語文献を紹介することで性暴力が増えているかのように印象づけるものなど、SNSで見かけることがあります[*34]」「女子トイレや女風呂に入って犯罪をする人たちが『自分は女』と自称すれば逮捕されなくなるのか心配する声をSNS上でよく見かけます」[*35]「トランスジェンダーの権利を認めると『自分は女』だと主張する加害者が性暴力やDV被害者支援の現場を訪れるので脅威になると主張する人たちがいます。だからこそトランスジェンダーの存在を認めてはいけないとの訴えなのですが、実際のところ支援現場にいる人たちの経験はどうなのでしょう」[*36]などが並びます。これらの言説について、同Webサイトは丁寧に検証しています。

このようなトランスジェンダーを性暴力加害者と見なす言説は、他でも問題として取り上げられています。

長年、性暴力被害者支援に携わってきた広島大学准教授の北仲《きたなか》千里《ちさと》氏（NPO法人全国女性シェルターネット共同代表）も、トランスジェンダーを性暴力加害者とする言説を取り上げています。以下に北仲氏の発言を記載した記事を引用します。[*37]

一部の方たちが、女性として生活するトランスジェンダー女性と、性暴力加害者とを重ね合わせて見て、恐怖を感じる、女性の安全を脅かす存在だ、と言っています。また、トイレやお風呂等の盗撮がたくさん起きているとの指摘をしています。

しかし、両者は別の人の話です。

もし、トイレなどに盗撮に来るために女性に「変装」している人がいるなら、それは「変装」で、（生まれた時の性が男性で、女性として生きようとする人たちがする）女性的な装いとは別物です。その人は犯罪をするために変装をしている人であって、トランスジェンダーとして日常を生きている人とは、別の人です。盗撮する人の中には変装をしないでやってくる人も多いです。

ですから、「紛らわしいから」と言って関係ない人を攻撃するというのは、それはしてはいけないと思います。

（中略）

性暴力などの犯罪の加害者は、その加害者個人が批判されて、その人が責任を取らされるべきです。しかし、「カテゴリー」や「全体」を攻撃することになると、それはヘイトスピーチとか、ヘイトクライムと呼ばれることになります。


そして、北仲氏は、「どこどこ出身だから、どういう肌の色だからとか、どういう職業だからという理由で、その人が所属するカテゴリー全員が問題だという風に攻撃したら、それは差別であり、ヘイトですよね」と続け、トランスジェンダー女性にも同じことが起こっていると指摘しています。

また、企業法務を主に手がける弁護士の立石結夏《たていしゆか》氏は、「（第3回）トランスジェンダーと『性暴力論』を切り離す」*38という論考を日本評論社のＷｅｂサイト「Ｗｅｂ日本評論」に掲載し、論点を法的に整理しています。

加えて立石氏は、その連載でトランスジェンダーのトイレや公衆浴場、更衣室などの利用に関する議論も法的に整理しています。例えば、お手洗いについては「女性用」トイレは個室であり、他人の前での露出はないことなどから、性自認に基づく利用は認められる。他方で、公衆浴場については、身体的な性差を理由に区別を設けることはやむを得ない、などとしています*39。いずれも、現時点の到達点として、一つの参考となるところです。

この他にも、関東弁護士会連合会が「性別違和・性別不合があっても安心して暮らせる社会をつくる――人権保障のため私たち一人ひとりが何をすべきか――」というシンポジウムを開催し、全476頁の報告書を取りまとめています。この報告書では、総論として憲法の観点から課題を整理するとともに、各論でトイレの課題などを整理しています。[*40]「トランスジェンダー性暴力加害者論」、つまりトランスジェンダーが性暴力加害者として女性の脅威である、という論一つをとっても、関連する議論の整理は一定程度なされてきていますが、SNSでのトランスジェンダーをバッシングするような言説はとどまるところを知りません。

このような様相を見ると、私は、2000年代に起こった「ジェンダーバックラッシュ」を想起してしまいます。当時は、「ジェンダーフリー」もしくは「ジェンダー」という言葉自体すら問題となり、このような考え方が広まると、「男女同室着替え」「男女同室泊」などが広まると一部で騒がれました。小山エミ氏と荻上チキ氏は、男女同室着替えは学校設備の問題であり、裸になるようなものではないことが一般的であり、昔から行われてきた慣習であるにもかかわらず、当時注目されていた「ジェンダーフリー」のせいだと騒がれていることを指摘していました。[*41]

このような当時のバックラッシュについて社会学者の佐藤文香氏は、「バックラッシュの一連の流れは、プロパガンダの王道をゆくものだ」として以下の三点を提示しています。「第一に、攻撃したい対象に負のイメージを植えつけるようなレッテルを貼る『ネーム・コーリング』」「第二に、都合のよい事柄を強調し、都合の悪い事柄を隠蔽する『カード・スタッキング』」「第三に、大きな楽隊が人目をひくように、ある事柄が世の趨勢《すうせい》であるかのように喧伝《けんでん》する『バンド・ワゴン』」である。加えて佐藤氏は「バックラッシュという『ネーム・コーリング』は、フェミニストとは違った形でのジェンダー秩序（男と女と「その他」からなる社会秩序）を真摯に追求している人々からすれば不当なものに違いない」とした上で、批判の中にも妥当性のあるものがあるかもしれないと述べています。*42

この指摘は、現在のトランスジェンダーバッシングにも当てはまるのではないでしょうか。「危険なトランスジェンダリズム」という「ネーム・コーリング」、上述のような法的整理を無視して不安を煽る「カード・スタッキング」、第5章で述べる「LGBT法案」の「危険性」をことさらに喧伝する「バンド・ワゴン」などなど。確かに、トランスジェンダーをバッシングしている人の中には、いわゆる「男性」に対するトラウマや恐怖から、自分が性暴力に晒《さら》されるのではないかという不安を抱えている人も少なくないように見受けられます。そういった人たちに、その不安からくる主張に対して、それが不当であることを伝えても、不安は不安として厳然と存在している以上、その不安の主張を批判されることは不当なものに思えるかもしれません。「トランスジェンダーの苦境も分かるが、私の不安や危険性に対してはどうしてくれるのか」という声が返ってくることになってしまうのかもしれません。

このような状況、ある種の「弱者」と「弱者」の主張が衝突しているように見える点について、キム・ジヘ氏は、第1章でも触れた『差別はたいてい悪意のない人がする』の中で以下のような例に言及しています。

(韓国で) イエメン難民の受け入れに反対した人々が挙げたおもな理由のひとつは、「女性に対する性犯罪の可能性が高い」ということだった。多くの女性が、性犯罪への恐怖に共感しているようだった。(中略) 多くの女性は、ムスリムという言葉から連想する性差別的で暴力的な男性像と、その潜在的被害者である女性という構図から、この状況を眺めて判断をした。このような構図の中では女性は依然として被害者であり弱者だった。難民受け入れ反対は、女性がみずからを守るための正当な要求だったのだ。

そこに弱者と弱者の連帯はなく、女性たちは、難民よりも女性のほうが弱者だと主張した。[*43]

このようなマイノリティ同士の連帯に関して、片方の困難を説明するメッセージだけでは、「私は苦しいけれど、あなたは楽だよね」と受け止められ、「不安」は解消しない。そこで必要なのは「あなたと私を苦しめる、この不平等について話しあおう」というメッセージが必要なのだと説いています。

では、「女性」と「トランスジェンダー」の間には、どのようなメッセージが必要となるのでしょうか。

ジェンダー規範を変えていくために

「女性」と「トランスジェンダー」の連帯に関する言説は、国内外で模索・展開されつつありますが、昨今の日本の状況について、著名なフェミニストである弁護士の中野麻美《まみ》氏は、以下のように述べています。

家父長的な性秩序は女性差別の根源だと言われていますが、それは、要するに、女性を対象化する、同時に男性も対象化して戦争に駆り立てていくような社会環境の土壌を作っていくわけで、私たちの社会がこのジェンダー規範からどのようにしたら解放されるかということです。女性やトランスジェンダーがヘイトの対象になりやすい構造を変革するというテーマ設定をしたとき、本当の意味での自由と平等が問われているのだということを痛感させられます。ジェンダー規範は、この規範からの逸脱に対して負の感情を引き起こして攻撃的排除の対象にしたり、明示的な差別的不利益やハラスメントの対象に、また黙示的には仲間外れや無視といった不利益を課すことで自発的制約を加えます。そうした体制が男らしさを優遇し、性別による異なる基準のあてはめや無意識の偏見に基づく差別に対する異議申立を封印してしまいます。こうして、私たちの社会は、政治や経済における実権が男性によって担われています。性差別撤廃の取り組みは、こうした状況を変えることを中心においているわけですから、性的マイノリティに対する差別や暴力の根絶を求める取り組みとともに、力を入れてしかるべきものだと思います。*44

まさにこの章で述べたいテーマに重なる一文です。これを私なりに平易に噛《か》み砕くと、以下のように言えるかと思います。

ジェンダー規範からの逸脱は、排除を引き起こし、差別やハラスメント、仲間外れや無視といった事象が、逸脱したマイノリティ（女性、性的マイノリティはもちろん、これらの人たちに限らない）自ら、自分を制約する方向に力を加える。それが差別に対する異議申し立てを封印し、「男らしさ」を優遇する。だから、性的マイノリティに対する個別の差別や暴力根絶とともに、大元の性差別撤廃（女性差別を含むが、より広い意味で）にも力を入れるべきだ、ということです。

実際に、中野氏の言葉を裏付ける調査結果は、この発言が掲載されている報告書に収録された自治労の組織内調査の結果にも表れています。

図1　セクハラの被害

過去5年間で、仕事（飲み会等含む）でセクハラを受けた経験がある、
と答えた人の割合

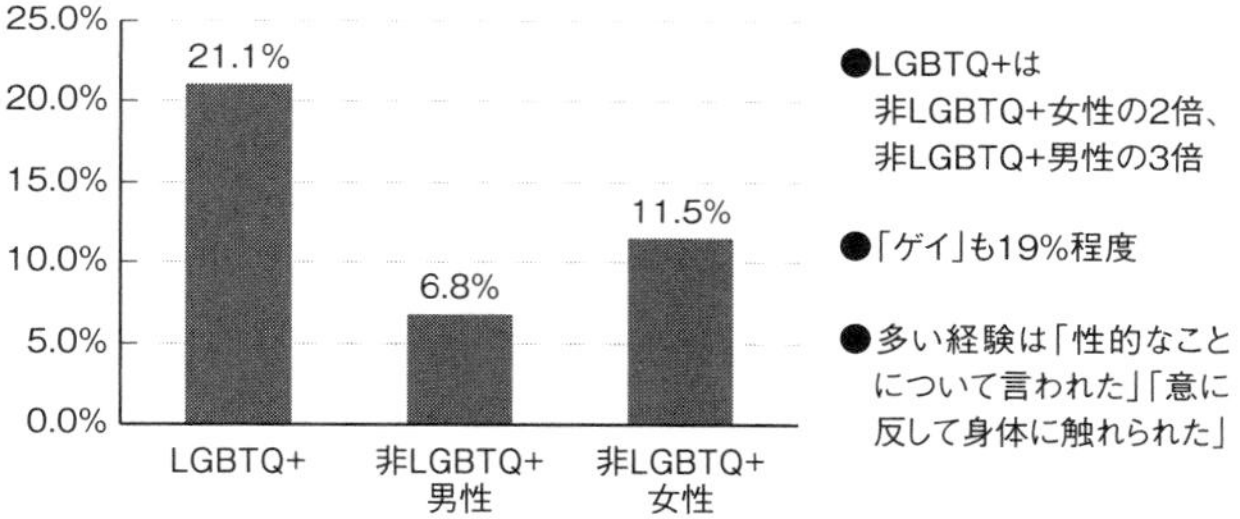
25.0%
20.0%
15.0%
10.0%
5.0%
0.0%
21.1%
6.8%
11.5%
LGBTQ+
非LGBTQ+
男性
非LGBTQ+
女性
●LGBTQ+は
非LGBTQ+女性の2倍、
非LGBTQ+男性の3倍
●「ゲイ」も19%程度
●多い経験は「性的なこと
について言われた」「意に
反して身体に触れられた」

「働きやすさと職場の多様性に関するアンケート調査」2021年（全日本自治団体労働組合『LGBTQ＋／SOGIE自治体政策』）を元に作成

自治労組合員を対象に行った調査において、「仕事（飲み会等を含む）で受けたセクハラの経験（過去5年間）」を尋ねた設問では、「非LGBTQ＋男性」の6・8％が「経験がある」としている一方で、「非LGBTQ＋女性」は11・5％であり「非LGBTQ＋男性」の二倍弱、「LGBTQ＋」で「経験がある」と回答したのは21・1％と「非LGBTQ＋男性」の三倍という結果が出ています（図1）。この「LGBTQ＋」のうち、「ゲイ男性」の被害経験は19％となっており、「男性」であったとしても、ジェンダー規範から逸脱する「同性愛」の「男性」の場合は、被害を受けやすいことが示唆されます。

あくまで、これは自治労組合員を対象にした調査の結果です。他の調査では異なる結果があるかもしれません。[*45] しかし、ジェンダー規範からの逸脱がハラスメントを引き起こす、ということの一端が表れていると見ることもできます。

では、こうした既存のジェンダー規範による課題、中野氏が述べるところのジェンダー規範からの解放をどのように目指していくべきなのでしょうか。

この点について、労働法やジェンダー法を専門とする法学者の浅倉むつ子氏は、日本の状況を前提に、2015年時点で自らの専門領域について以下のようなことを述べています。

さて、ジェンダー法学は、法学をジェンダーの視点からより深く研究することを主目的とする学問である。したがって、①法における男女の非対称性を批判すると同時に、②性別二元制・異性愛主義を維持・強化する法や制度に対しても、真っ向から批判的に取り組む役割を果たすべき学問である。しかしながら、司法におけるジェンダー・バイアスの克服という問題意識から出発したこともあって、ジェンダー法研究者の多くは、前者（①）の研究、すなわち女性の権利をめぐるさまざまな諸問題に強い関心を寄せる一方で、後者（②）への取組みは相対的に希薄であったと言わねばならない。その原因は、法学研究者の自覚の不十分性にあるだけではなく、性的マイノリティ研究に正面から取り組もうとすれば、どうしても、性別規範や婚姻制度そのものの根本的批判となることを避けられないからであろう。*46

性別規範への根本的な批判、これこそ、「女性」と「トランスジェンダー」の連帯において求められていることではないでしょうか。このような認識は法学以外の領域でも、ある程度同じようなことが言えるのではないかと思います。もちろん、人文・社会科学領域など、比較的研究が進んでいる領域もあります。学術の世界のみならず、社会一般においても求められる視点です。

逆に、性的マイノリティの課題をジェンダー課題の一部と位置付けた取り組みが「相対的に希薄であった」と浅倉氏も述べているわけですが、女性の権利をめぐる諸問題のように「強い関心を寄せ」られないからこそ、対立的な問題であるかのように考えられてしまっているようにも思われます。

同じ既存の「ジェンダー規範」に苦しめられている人たちが、分断されるのではなく、つながってともに課題を解決していくことは極めて大事なことです。

ともに「本質主義」を乗りこえる

昨今のトランスジェンダーバッシングは、2000年代のジェンダーバックラッシュを想起するとの話題は、ジェンダー研究者と話す中でもあがることがあります。「異性」の身体を過度に強調しその不安を煽るような言説や、特定の言葉を使うと既存のジェンダー秩序に混乱をきたす、語弊を恐れず平たく言えば男女の区分けなどで混乱をきたす、という論調などにその片鱗《へんりん》が見られます。

当時は「ジェンダーフリー」という言葉が標的にされましたが、「『ジェンダー』という言葉そのものを使うことに対する抑圧・弾圧が進む現在の緊迫した〈政治的〉状況」があったと、当時の加藤秀一氏は述べています。[*47] そして今も、「ジェンダー」という言葉は使うべきではない、という論調が一部では見られるようです。

そもそも、「ジェンダー」という言葉自体、本質主義的な「男」「女」といった概念に対するアンチテーゼとして生まれたのではなかったでしょうか。男は力が強い、女は食べる量が少ない、などといった固定観念に対して、よく見るとそれは個別的であったり、歴史や文化によっては全く異なる場合もあります。その可変性を踏まえ、ある固定観念が確かなことではないこと、男女の特性に基づく不平等な状況に見えてもそれは「自然な」ことなどではない、と指摘するために「ジェンダー」概念は提唱されてきたはずです。

そこで今、本質主義的な主張に舞い戻り「ジェンダー」という言葉を使ってはいけない、とか、トランスジェンダー女性は「本質的に女性ではない」などといった主張を繰り広げることは、元々の目的であった女性差別を払拭することにつながるのでしょうか。「女性」も「トランスジェンダー」も「ジェンダー規範」に苦しめられている、という点に照らしても、大いに疑問であると言わざるを得ません。

誰もがジェンダー規範に囚《とら》われて、問題を見誤ってしまうことがあるものです。社会的な構造も含め、このことを冷静に捉え直し、乗りこえていく必要があります。

性暴力から被害者を守る法制度を

既存のジェンダー規範からの解放を求めるにあたって、具体的にはどのように考えるべきでしょうか。

前述の立石氏が整理しているような、トランスジェンダーの施設利用・制度利用に関する過渡的なルールの検討、確認も必要ですが、加えて検討すべきは、日本の性暴力被害者を守る法制度についてではないでしょうか。

そもそも、日本では、性暴力から被害者を守る法制度が脆弱《ぜいじゃく》です。性犯罪は、第1章でも言及した通り、極めて狭く設定されています。それ以外のただちに「犯罪」とされない性暴力については、前述のセクハラ関係や、いわゆる「DV防止法」と呼ばれるものを除いては法律が制定されていません。そのDV防止法も、改正を重ねる中で被害者保護の施策が充実してきているものの、DV自体を「禁止」しているものではなく、またその保護施策も十分な水準には至っていないのが現状です。

狭義のDV以外、例えばデートDV、同性パートナーなどからの暴力については、DV

防止法の適用が明文化されていません。[*48]

おそらく、「トランスジェンダー」に対して漠たる「不安」を抱える「女性」たちが想定しているのは、配偶者などや保護者が加害者ではない分野の性暴力ではないでしょうか。

その意味で、「不安」に応えるためには、性犯罪の範囲自体を見直すことに加え、現行の法制度からこぼれ落ちる人たちを、性暴力被害から守る法制度が求められます。

また、既存の男女別施設でのプライバシー保護や性暴力を受けないあり方も問われるでしょう。[*49]これらは、「女性」やトランスジェンダーに限った議論ではなく、障がいを抱える人なども含めた、トイレや更衣室などの設計業者も巻き込んだ議論が必要となります。

いずれにせよ、不安に応えつつ、取り組めることがあるはずです。私たちは、「女性」と「トランスジェンダー」双方の不安や困難を軽減するための答えを見つけていくことが求められています。

ジェンダー統計と性別欄

関連する論点として「ジェンダー統計と性別欄」の問題もあげることができます。

ジェンダー統計とは、政府の第5次男女共同参画基本計画の「用語解説」によれば「男女間の意識による偏り、格差及び差別の現状並びにその要因や現状が生み出す影響を客観的に把握するための統計のこと」であるとされています。[*50] 他方、日本女性学習財団は「社会的・文化的に形成された男女の生活や意識における偏り、格差、差別を明らかにする統計である」としています。[*51] いずれの定義でも「男女平等」の実現に向け、男女間の格差や差別を明らかにするのがジェンダー統計であるということができるでしょう。ただ、社会統計学が専門の杉橋やよい氏は、SOGIを含めたジェンダー統計に発展させるべきとしています。[*52]

このジェンダー統計について、一つの課題が浮かび上がっています。そもそもジェンダー統計を取るためには、アンケート調査などで性別欄（性別を問う設問）が必要となります。これを設けることで、回答者のデータを「男」と「女」に分けて集計することが可能となり、「男女」の格差や差別を明らかにしていくことができます。

例えば、履歴書などの「性別欄」も、最終的には試験における競争倍率を測るのに重要な指標となります。企業の採用ではありませんが、試験の競争倍率という意味では、医大の競争倍率と男子の優遇も話題となっています。[53]

しかし、トランスジェンダーにとって、性別欄への回答、記入は課題があるとされてきました。出生時に割り当てられた性別を記入すれば「見た目が違うのでは？」と言われる懸念があります。あるいは、自認する性別ではない格好で無理矢理面接を受けることとなります。かといって、性自認に基づく性別を書いても、各種身分証明書類など法的な性別と食い違ってしまうということが起こります。一体どの性別を求められているのかと困惑することもあります。

もう少し、この点の困難を深掘りしてみましょう。

そもそもトランスジェンダーは、日常生活において「お前は男か女か」という視線に晒され続けることが指摘されています。[54] よく言われるトイレや更衣室などの男女別に分かれている施設に入る時だけの困難ではないのです。

歩いている時、食事をしている時、普段の生活のあらゆる場面で、「あの人は女なのか？　男なのか？」という奇異の視線に晒され続けると言われます。何かと他人から自分について、「男」や「女」を引き合いに出されハラスメントを受けることもあります。例えば、以下のような事例があります。

原告は2018年4月にデザイナーとして入社した当日、歓迎会で同社執行役員の男性上司から腰に手を回された上で、原告の性自認（性同一性）や、これまでの男性・女性との性的経験などについて聞かれ、わいせつな言葉もかけられたという。別の機会には「キャバ嬢にしか見えない」「ハプニングバー通いしてそうな顔だ」などと性的な発言も投げかけられた。

2018年夏ごろには、男性上司から原告に対してセクハラについての謝罪があったが、「男だから平気だと思った」「これからはお前を一人の女性として見る」などと言われるなど、性同一性について理解を欠く内容だった。*55

このような事例は枚挙にいとまがありません。

他のトランスジェンダー男性の事例で、しゃべれば「やっぱり声が高いから元女だね」と言われ、座れば「座り方は男っぽいね」などと言われたというケースも報告されています。

また、トランスジェンダー男性の場合、この課題が分かっている人からは「彼」と紹介されるかもしれませんが、この課題が分かっていない、あるいはカミングアウトしていないところでは「彼女」と言われることもあるでしょう。身体的に典型的な「男性」と一致しないところも自分自身がよく分かっています。そうなると、「自分は本当に男なのか」ということに対する不安に苛まれます。これらはトランスジェンダー女性でも同様の例が聞かれます。

このようなトランスジェンダー当事者に「性別を書け」というのは、何を意味するのでしょうか。常日頃から「男」か「女」か、と言われているトランスジェンダーの当事者にとって、「性別欄」は、自分の人格を自ら傷つけさせる「装置」に見えていると言っても過言ではないでしょう。

こうした前提から、性別欄の記入というのは、単にその欄に決められた字を書けばいい、丸をすればいい、という単純な話ではないことが分かります。トランスジェンダーにとっては、日頃から突きつけられる「お前は女か？　男か？」という問いをめぐる、ある種の決定的な瞬間なのだと捉えることができます。

このようなことから、性別欄をめぐる課題として、まず一点目に、性自認とは異なる、出生時に割り当てられた性別を記入させられることへの苦痛があげられます。普段から「女か？　男か？」と突きつけられる中で、自分の性自認と異なる、極めて不本意な情報を記入せざるを得ないこと自体に、当事者の多くは苦痛を感じます。

二つ目に、記入した性別と見た目の性別あるいは法的性別が異なると見なされることによる差別的取扱いをあげることができます。「こいつ、男なのに女の格好をしている」「女なのに実は男だって、変なやつだ」などと見なされ、就職時に能力判断以前に採用拒否をされる、通常の時期ではないのに異動を迫られる、退職勧奨を受ける、などが引き起こされるのです。

三つ目に、記入した性別情報の漏洩《ろうえい》や暴露による、アウティングの危険、懸念があげられます。記入した性別が見た目の性別と異なる、あるいは法的な性別と異なることが、不特定多数の人に広まることによって、好奇の視線を向けられることとなります。これによって、ハラスメントをはじめ、偏見や差別の的となり、結果として二つ目にあげたような不利益な取扱いを受けてしまうこともあります。

以前、1990年代に学校を卒業して就職をしようとしたトランスジェンダー当事者から聞いた話があります。正社員になるためには保険証など性別欄を含む情報を提出しなくてはならなくて断念したことがあり、アルバイトなどの非正規雇用の場合は、就職する場所にもよりますが、性別情報を出さずに働くことができる場合もあったので、そういったところを転々としながら働いていた、というのです。

他方で、それならば法的な性別の変更のハードルを低くすればいいのではないか、ということも言われます。2004年施行の性同一性障害特例法に基づき、今の日本では法的な性別の変更が可能です。しかし、要件は大変厳しいものとなっています。例えば五つの要件のうち、「生殖不能要件」や「外観要件」と言われるものは国際的にも批判されています。[*56]

トランスジェンダーのうち、望んで身体的特徴を性自認に合わせる「性別適合手術」を受ける人もいます。しかし、その手術は身体への大きな負担をもたらすこともあり、手術は望まない、あるいは体質的に受けられないが、法的性別の変更を望む人もいます。

他にも、実態として配偶者との「離婚」を迫ることになる「非婚要件」など、課題となっている点は少なくありません。

いずれにせよ、法的な性別の変更はそう簡単なことではありません[*57]。

このように考えると、性別欄一つをとっても、当事者の人生を大きく左右する効果をもたらしてしまっているのです。

ただその一方で、単に性別欄をなくすだけだと、「性別欄」を用いるジェンダー統計を整備することが難しくなってしまいます。これは、国連のジェンダー主流化に向けた議論とも逆行し、「男女」の格差や差別の是正を停滞、逆行させるという指摘がなされることがあります。また、女性活躍推進法で、男女別の情報取得が義務化ないし推奨されているものもあります。

そのため、前述のような困難のありようとともに、従来型の「男女平等」や「女性参画」との兼ね合いについても模索する必要性があるのです。

そこで、私が座長を務めた自治労の「LGBTQ+／SOGIE自治体政策」作業委員会では、双方の意見を踏まえ、性別欄の削除にあたっては、男女平等の観点を十分に踏ま

図２　「削除」以外の性別欄の方策

（ｂ）削除できない書類の配慮の方法例

　業務上、性別情報が必要な場合でも、業務の性質や様式の使用目的に応じて、性別欄の記載について配慮ができないか検討しましょう。

①男女の２択式ではなく、「どちらでもない」や「回答しない」の選択肢を設けるか、性別記入欄を空欄とし自由記入式にする。

性別　〔 男 ・ 女 ・ どちらでもない ・ 回答しない 〕 （記入は任意です。）
性別　〔　　　　　〕

②未記入や任意記入が可能な場合その旨を記載する。

③なぜ男女の選択が必要なのか理由を付記する。

性別　〔 男 ・ 女 〕 ※　○○のため必要ですので、戸籍上の性別に○を付けてください。記載にお困りの方は係員にご相談ください

④どうしても性別を記入させる場合には、「戸籍上の性別」なのか「自認の性別」なのかを明確にする。自認の性別の回答でもよい場合には「自認の性別でもよい」旨書き添える。

⑤性別を記載したものを配布する場合は、

・　性別欄を書類の裏面に移動させる。

・　男女の別を英数字や記号等で表記するなど、一見したところで性別の記載であることを分かりにくくするなど、表示方法を工夫する。

（例）

性別	⇒	
男		1

出典：全日本自治団体労働組合『LGBTQ＋／SOGIE自治体政策』

えるべきであるとともに、削除しない場合の方策についてもいくつか提示することとしました[*58]（図2）。現時点で、選択肢を設ける際の一つの参考となるものです。

　この他にも、そもそも他の統計情報を用いることで、改めて性別情報を取得する必要がない場合は性別欄を削除してもよいのではないか、などいくつかのポイントが考えられます（職員アンケートを採る際に、職員名簿に照らせば「男」「女」で統計を取ることができるならば、わざわざアンケートには「性別欄」を設けない、など)。

これらは「完璧」な解決策ではなく、統計の性質や性別情報の取得時、分析時で個別に工夫が求められるものです。

2022年6月現在、内閣府には「ジェンダー統計の観点からの性別欄検討ワーキング・グループ」が設置され、私も構成員の一員として議論に参加しています。SOGIも含めた統計の整備はまだ緒についたばかりです。従来の「男女」のみならず、SOGIも含めた差別や格差を明らかにする必要があり、他方で回答にあたってプライバシーが守られ、回答に苦痛を感じずに済む、そんなジェンダー統計のあり方を示せるよう、議論を進めていきたいと思っています。

コラム③　戸籍制度と「『偉大なる』三角形」とは

ジェンダー平等に関する法制度化に反対する背景に「戸籍制度」があることは、あまり多くの人に知られていないと思います。

なぜ選択的夫婦別姓や、ＳＯＧＩに関わる課題について反対するのか、反対派の急先鋒である八木秀次《ひでつぐ》氏の論考は、その重要な手がかりとなります。八木氏は２０１６年時点で以下のようなことを述べています。

現に性的少数者が存在するわけであるから、学校でも性的少数者への配慮は必要になってくる。その上で学校教育において婚姻を含めて社会制度としての基本とは何かを教えていかなければならないと思う。基本は異性愛の関係であり、異性の関係で社会制度が成り立っていることをしっかり教えることである。男女の婚姻関係も同性同士の関係も価値として同じとなると話が違う。大事なことは性的少数者への配慮は必要とした上で、婚姻制度、信教、思想信条の自由、子供の教育、この辺りをどう担保し、守っていくかということだと思う。[*59]

ここで、「婚姻」が繰り返し取り上げられるところに注目する必要があります。婚姻によって新たな戸籍が作られることは周知の通りですが、この新たに作られる戸籍が問題の焦点となるのです。

以下は、選択的夫婦別姓の運動に取り組まれているジャーナリストの坂本洋子氏から伺ったことを、私なりに咀嚼《そしゃく》した話なのですが、夫婦別姓やＬＧＢＴＱに関する課題に反対する人たちは戸籍制度を「三角形」で捉えている、というのです。どういうことでしょうか。

戸籍制度は戦前、原則として「男性」の「戸主」に大きな権限が付与され、配偶者の「女性」は民法上において無能力状態であったとされています。もちろん、子どもも同様です。すると、「男性」の戸主を頂点に、そこに付き従う配偶者と子どもたち、というのを三角形で表すこととなります。その三角形が連なり、国の頂点に立つのが「天皇」であ

図3　「偉大なる」三角形

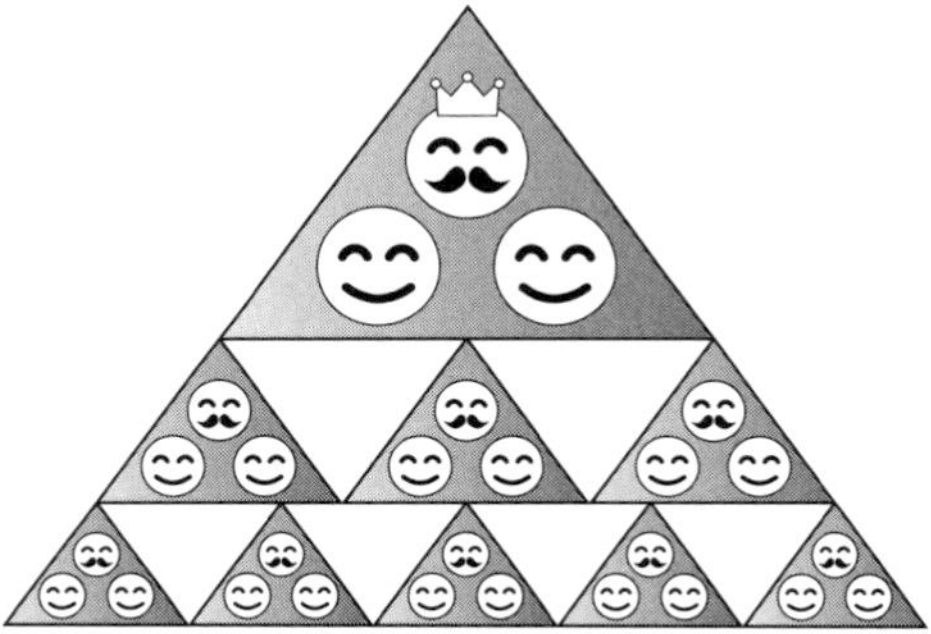

ると見なしているというのです。昔の保守的な人びとから、国民はみな「天皇の子ども」という言葉を聞いたことはないでしょうか。これは、この一連の三角形を表すというのです。これを私は「『偉大なる』三角形」と名付けています（図3）。

しかし、いうまでもなく戸籍制度において、戦後このような戸主権はなくなりました。

けれども、この戦前の戸籍制度を「国体」「国のかたち」と見なし、それを守ることが国や国のかたちを守ることだと考えている人がいるというのです。すでに存在していない制度の効果について、まだ存在していると見なしている、ということのようです。

この認識に立つと、選択的夫婦別姓や同性パートナーに関する制度は、国の形を変えてしまうものであり、反対すべきものになるというのです。この「『偉大なる』三角形」を壊す、形を変えてしまうものであると捉えられるのでしょう。

よく学生からも「なぜ同性婚や夫婦別姓に反対する人がいるのか」という疑問を寄せられますが、この「偉大なる」三角形を踏まえて考えると、さまざまな力学、あるいは関連する人びとの発言も、読み解くことができます。

第4章　ジェンダー課題における制度と実践

現時点での法制度の到達点を知ること

これまで見てきたように、思いやり「だけ」では、多岐にわたる複雑な問題を解決することはできません。仮に思いやる心があったとして、それを持続的に、習慣的に、社会的な背景や構造にアプローチできる何らかの方法で実行しない限り、社会はもとより、身の回りを変えることも難しいのが実情です。

関心のない人も含めて、より多くの人がジェンダーの領域に一定程度の水準まで取り組みを進めるためには、オーダーメイド的な（職人的なと言ってもいいかもしれません）取り組みだけではなく、ある種の「量産型」的な、誰にでも取り組め、扱うことのできる手法も、同時に求められていると私は考えます。

このような取り組みは何を手がかりに考えていくべきでしょうか。

一つの手がかりになるのは、現時点でのジェンダーに関する制度の到達点を確認することでしょう。現在、ジェンダーの領域全般にわたる法制度は、理念法と呼ばれる男女共同参画社会基本法以外に見当たりません。そのため、具体的な取り組みに結びつく法規範は、偏在していることになります。中でも特に充実しているのは「労働」、すなわち企業などの職場における法制度と言われます。しかし、充実していると言っても、課題は多く指摘されています。ただ、私は、この偏在する制度を職場内の他領域に展開するだけでも、できることがあるのではないかと考えます。法律をまたずして、個々の組織、あるいは個人でもできる取り組みを考えるべく、まずは既存の職場のジェンダーに関する法制度から、一緒に探っていければと思います。

啓発の制度化は男女雇用機会均等法改正から

第1章でも取り上げたように、一回研修・啓発をして終わりではなく、恒常的にハラスメントの啓発を義務付けていると解される制度は、25年前からハラスメント防止に関する法制度に存在しています。1997年の男女雇用機会均等法改正によって、セクシュアルハラスメントの防止対策が同法内に位置付けられましたが、以降2006年の改正時に措置義務化され、今日に至っています。この中には、ハラスメントをしてはならない方針を企業などの事業主が定め、ハラスメントの内容とともに周知・啓発することなどが含まれています。

セクシュアルハラスメント以外にも、男女雇用機会均等法で妊娠・出産に関するハラスメント、育児・介護休業法で育児休業や介護休業などの制度利用に関するハラスメント、労働施策総合推進法で性的指向・性自認に関するものを含めたパワーハラスメントについて、それぞれの防止規定が各法律に置かれ（国家公務員については人事院規則という別の枠組みの法制度がハラスメント防止を各省庁に義務付けています）、それぞれに内部規則にハラスメント禁止規定を置くこととその啓発などの措置義務が課されています。

実際に条文を見てみましょう。以下はパワーハラスメントの防止規定です。

第九章　職場における優越的な関係を背景とした言動に起因する問題に関して事業主の講ずべき措置等

（雇用管理上の措置等）

第三十条の二　事業主は、職場において行われる優越的な関係を背景とした言動であつて、業務上必要かつ相当な範囲を超えたものによりその雇用する労働者の就業環境が害されることのないよう、当該労働者からの相談に応じ、適切に対応するために必要な体制の整備その他の雇用管理上必要な措置を講じなければならない。

2　事業主は、労働者が前項の相談を行つたこと又は事業主による当該相談への対応に協力した際に事実を述べたことを理由として、当該労働者に対して解雇その他不利益な取扱いをしてはならない。

3　厚生労働大臣は、前二項の規定に基づき事業主が講ずべき措置等に関して、その適切かつ有効な実施を図るために必要な指針（以下この条において「指針」という。）を定めるものとする。

このように、ハラスメント防止規定は、法律本文に具体的な取り組みに関する詳細な記載がなされておらず、具体的な内容を法に基づく「指針」に委任する形を取っています。これはどの法律のハラスメント防止規定でも共通です。

そして、その法に委任された指針は、ハラスメント防止対策でもほぼ同様の対応策を規定しています。具体的には図4に示した厚生労働省のパンフレットに記載されている通りです。[*60]

本節の関心から特に見ていきたいのは、図中①~⑩の措置義務のうち、①どのようなことがハラスメントに当たるのかについての内容を示して、ハラスメントがあってはならない旨を企業などの事業主が方針化（いわゆる禁止規定を置くということ）し、これらを管理監督者を含む労働者に周知・啓発することを義務付けるものと、②ハラスメントを行った者に対し、いわゆる懲戒規定を置き、これも管理監督者を含む労働者に周知・啓発することになります。平たく言うと、ハラスメントは禁止であり、どんな内容がハラスメントなのか、ハラスメントをするとどんな懲戒を受けるのかも明示して周知・啓発する、といっ

図4　パワーハラスメントの防止規定

指針に定められている事業主が講ずべき措置のポイント

事業主が、**その雇用する労働者又は事業主（法人である場合はその役員）自身が行う職場におけるパワーハラスメントを防止するため雇用管理上講ずべき措置**は以下のとおりです。

※事業主は、これらの措置を必ず講じなければなりません。

職場におけるパワーハラスメントを防止するために講ずべき措置

事業主の方針の明確化及びその周知・啓発

① ●パワーハラスメントの内容
●パワーハラスメントを行ってはならない旨の方針
を明確化し、管理監督者を含む労働者に周知・啓発すること。

② パワーハラスメントの行為者については、厳正に対処する旨の方針・対処の内容を就業規則等の文書に規定し、管理監督者を含む労働者に周知・啓発すること。

相談（苦情を含む）に応じ、適切に対応するために必要な体制の整備

③ 相談窓口をあらかじめ定め、労働者に周知すること。

④ 相談窓口担当者が、内容や状況に応じ適切に対応できるようにすること。
パワーハラスメントが現実に生じている場合だけでなく、発生のおそれがある場合や、パワーハラスメントに該当するか否か微妙な場合であっても、広く相談に対応すること。

職場におけるパワーハラスメントへの事後の迅速かつ適切な対応

⑤ 事実関係を迅速かつ正確に確認すること。

⑥ 事実関係の確認ができた場合には、
速やかに被害者に対する配慮のための措置を適正に行うこと。

⑦ 事実関係の確認ができた場合には、行為者に対する措置を適正に行うこと。

⑧ 再発防止に向けた措置を講ずること。

併せて講ずべき措置

⑨ 相談者・行為者等のプライバシーを保護するために必要な措置を講じ、労働者に周知すること。

⑩ 事業主に相談したこと、事実関係の確認に協力したこと、
都道府県労働局の援助制度を利用したこと等を理由として、
解雇その他不利益な取扱いをされない旨を定め、労働者に周知・啓発すること。

厚生労働省『職場におけるパワーハラスメント対策が事業主の義務になりました！～～セクシュアルハラスメント対策や妊娠・出産・育児休業等に関するハラスメント対策とともに対応をお願いします～～』を元に作成

たことになります。

指針には、事業主（職場）に課された義務を満たす、具体的な方法が例示されていますが、前述の二つの取り組みのうち「周知」部分に着目すると、「社内報、パンフレット、社内ホームページ等広報又は啓発のための資料等」に記載、配布等の他、研修、講習等の実施も該当するとされています（研修や講習は義務ではなく、あくまで周知・啓発の方策の一環です）。

こうした法的な義務規定を受けて、各企業では、その周知方法を工夫しながら職場の取り組みを行っているようです。例えば、啓発資料にイラストや漫画を交え、分かりやすい内容の資料を作成する、作成した資料は紙だけでなく、社内のメールマガジン、イントラネットなど、目に触れるところに繰り返し掲載、掲示する、などといった具合です。

また、研修や講習の実施にあたっても、職階や年次別に計画を設計したり、eラーニングを含めて定期的に研修を受けるようにする、あるいは研修受講後にテストを実施し、合格点を取るまでは繰り返し受講しなければならないようにしているところも見られます。

逆に悪い事例として、社内に啓発するための資料、例えばハラスメントの内容についての資料を人事・総務の引き出しや戸棚にしまっている例も聞かれます。ハラスメントがダメだというところは社内規定で方針化しても、その内容に関する資料は戸棚の中、社員からの申し出があって初めて見せる、ということでは、規定が十分に効果を発揮するとは言えません。

実際に裁判では、ハラスメント防止措置が十全に機能していなかったことも踏まえ、企業の責任を問う判決が出されています。例えば、下関セクハラ事件（広島高裁、2004年9月2日判決）では、セクハラ防止規定が定められたことにより、防止措置の取り組みが一層強く要請されるとして、会社の不法行為責任が認められています。また、パワハラによる損害賠償請求事件（名古屋地裁、2017年12月5日判決）では、防止規定を定め、イントラネット上に必要な情報も掲載していたが、実際には奏功していないとされ、上司の選任や監督の注意などと併せて損害賠償が認められています。

このような裁判例も踏まえると、職場では法制度を背景に効果的な取り組みが求められています（なお、ハラスメントの内容を示す際に、指針ではハラスメントの内容のみならず、その発生の原因や背景などを示すことが重要とされています。この発生の原因や背景には、本書で取り上げてきたジェンダー規範に関わる事柄も含まれると言えるでしょう）。

こうした「啓発」の制度化においては、漫然と思いやりの輪を広げようと周知・啓発に取り組んでも、砂漠に水を撒《ま》くようなことになってしまうというのは第3章までで述べた通りです。

これに対して、ハラスメント防止の法制度によって、ハラスメントをしてはならないと社内規定に位置付けることで、ハラスメントを許さない大前提としての規範を担保することとなります。この大前提を踏まえて、どのような言動がハラスメントとなるかの内容を示し、研修を含めた効果的な啓発を定期的に実行することで、一定程度の水準を担保することになると考えます。

このように「啓発」が制度化することで、どんなに「ハラスメント」課題に興味のない人が担当者になったとしても、一連の職場の取り組みが担保されることとなります。すると、そこで働く人たちも、多少は周知のための資料を目にするでしょうし、何がしかの研修なりに少しは触れることになるでしょう。

そうなれば、ハラスメントについて一定程度認識し、ハラスメント被害に遭っても、周りに言い出しやすくなるのではないでしょうか（そして加害者にならないためにどうすればいいか知ることができます）。

これを本書のテーマに引きつけて考えると、差別的取扱いにも応用することができるのではないでしょうか。すでに多くの企業は、行動綱領などで差別を禁止する規定を置いています。こうした規定に実効性を持たせるための職場の取り組みとして、何が差別的取扱いなのかを示し、担当者が誰であっても定期的に周知・啓発するということが考えられないでしょうか。次節で掘り下げたいと思います。

「差別的取扱い」を予防するために

ハラスメント防止法制における措置義務を参考に、「差別的取扱い」の予防を各職場で取り組むことが一つ考えられます。こうした取り組みを法制化することもその先に考えられるのではないでしょうか。ちなみに、差別的取扱いとは、採用にあたって、試験の点数は同点だったにもかかわらず、「男性」は合格、「女性」は不合格とするような、カテゴリーによってダブルスタンダードの取扱いをすることを指します。東京医科大学で報じられたような、ある年の現役〜二浪以下の男子は20点加点、三浪の男子は10点加点、四浪以上の男子と女子（現役・浪人問わず）は加点しない、といった対応は、差別的取扱いの一例と言えるでしょう。

雇用分野における、従来の「性別」による差別的取扱いは、男女雇用機会均等法で「採用」から「退職」までの雇用の全ステージで禁止されています。その中には、例えば「採用」や「昇進」「退職」などといった比較的イメージしやすいものから、「配置」のようなイメージしにくいものもあります。例えば、「男性労働者には通常の業務のみに従事させるが、女性労働者については通常の業務に加え、会議の庶務、お茶くみ、そうじ当番等の雑務を行わせること」「男性労働者には一定金額まで自己の責任で買い付けできる権限を与えるが、女性労働者には当該金額よりも低い金額までの権限しか与えないこと」「営業部門において、男性労働者には新規に顧客の開拓や商品の提案をする権限を与えるが、女性労働者にはこれらの権限を（中略）与えないこと」といったものも含まれます。[*61]

これらの例は法に基づく指針の記載ですが、今でも「やりがち」なものも含まれているのではないでしょうか。実際に、日本労働組合総連合会の２０１７年の調査では、女性にのみお茶汲《く》みや雑用をさせていると答えたのが女性の回答者の5割と出ており、少なくない職場で残っていることが分かります。[*62]

本来「禁止」されていることは、行わないように啓発されてしかるべきなのですが、どうもそうなっていない実態があるようです。

他方、性的指向・性自認に関する差別的取扱いの禁止法制は一部の自治体条例を除いて制定されていません。自治体条例があっても、例えば東京都などにおいてもこのようなダブルスタンダードがあり、異性の事実婚と同性パートナーを比較すると、福利厚生をはじめ徹底されているとは言い難い実態が垣間見えます。

このようなことから、ハラスメントだけでなく、差別的取扱いについても、そして「性別」以外の差別的取扱いについても、何が差別的取扱いに当たるのかを示す資料などを作成し、それが起こらないよう啓発、予防していくことが有効な取り組みとなるのではないでしょうか。

特に均等法で禁止されている、もしくは自治体条例で禁止されている差別的取扱いは、最終的に企業が責任を問われてしまうのですから、管理職などに対して、ハラスメント防止法制と同様に、違反した場合の懲戒規定の対象とすることも、企業としては考えられるかもしれません。対象も「性別」のみならず、性的指向や性自認、障がいなども考えられます（障がいは障害者雇用促進法や障害者差別解消法で差別を禁止していることから、同様に啓発をはじめとする予防の措置の実施が求められていると言えるでしょう）。

余談ですが、2016年の改正による均等法のマタニティハラスメント防止措置は、2006年の改正で禁止された妊娠したことによる不利益取扱い（降格など）を「防止」するとの位置付けも含むものです。その意味で、既に禁止とされている行為を予防するために「防止」規定を置くという法政策は、前例があるとも言えます。

法制度があっても実効性の弱さが課題

本章をここまで読んできて、「とはいえ、そんなに立派な法制度があるのに、どうして今もセクハラは残っているの？」と疑問に思った方もいるかもしれません。

前述の通り、セクシュアルハラスメントについては、その配慮義務が1997年改正から、措置義務が2006年改正から規定されています。配慮義務の時代から数えて202

2年時点で20年以上、義務化から15年以上が経過していますが、実際に取り組んでいる企業の割合は低迷し続けています。厚生労働省が実施した「令和2年度雇用均等基本調査」では、「就業規則・労働協約等の書面で内容及び、あってはならない旨の方針を明確化し、周知している」との設問に実施していると回答している企業は69・5%となっています。「行為者については、厳正に対処する旨の方針・対処の内容を就業規則等の文書に規定し、周知している」は50・5%、「当事者等のプライバシー保護に必要な措置を講じ、周知している」が50・2%、「相談・苦情対応窓口担当者が内容や状況に適切に対応できるように、研修等を実施している」に至っては22・1%となっています。*63

義務となっていても、半数近くが義務を果たしていないという結果となっています。なぜこうなっているのでしょうか。この原因の一つに、均等法などハラスメント防止法制の実効性の弱さがあると言われています。*64

もし、均等法などに違反したとしても、刑事罰などには問われません。民事訴訟の際に、この規定が一つの参考として参照されることは考えられますが、直接的に効力を発揮するわけではないと言われています。また、民事訴訟に勝ったとしても、海外に比べて賠償金の相場は極めて低い状況です。他方で、行政からの指導は法で規定されていますが、たいていは労働局からの指導（それも電話によるものが多い）で終わってしまうため、一説には電話で「取り組んでいます」と答えれば、それで事なきを得てしまうのではないか、なども言われます。[*65]

残念ながら、単に禁止したり義務化しただけでは、高い実効性が確保できるわけではありません。これが義務を一段下げた「努力義務」ではなおのことと言えるでしょう。努力義務については「努力しています」ということを最低限表明することができれば、そこで終わってしまうとも言われ、ある労働組合の役員からも「努力義務」ではまともに企業側と労使交渉をするのも難しいと言われたことがあります。

次世代法とＰＤＣＡ

上述のような啓発に関する制度とは別に、職場の施策を計画的に実施するための法制度が約20年前から日本に存在しています。職場の状況を把握し、それに合わせて計画を段階的かつ適切に定めておけば、「思いやり」からいろいろな施策を打っているけれども、結局効果をあげていない、ということにならずに済むのではないでしょうか。では、その法制度とはどんな制度なのかを見ていくこととしましょう。

元々、育児・介護休業法は、育児休業の取得に強力な規定を置いています。それは「請求権」という、申し出られたら事業主は断ることができないという強力な規定です。しかも有給休暇と異なり、多忙な際に「時季変更権」を行使して断るということも、法制上はできないこととなっています。

しかし、そのような育児・介護休業法があっても、男性の育児休業取得など企業における仕事と育児の両立支援がなかなか進まない状況（そして環境の不整備の結果としての合計特殊出生率の低下）を受け、新たに作られた法制度が、「次世代育成支援対策推進法」（以下「次世代法」）です。この法律は、企業自身に独自の「計画」策定を義務付け、取り組みを促進することを企図しています。10年間の時限立法ですが、一度延長されて2回目の10年間を迎えています。

次世代法は、企業に労働者の仕事と子育ての両立を図るための計画を立てさせることを主とする法律です。従業員101人以上の企業に計画策定を義務付けており、100人以下には努力義務となっています。

計画が目標を達成するなど一定の基準を満たしていると、「くるみん認定」や「プラチナくるみん認定」を受けることができ、名刺やWebサイトでの認定マークの使用や、公共調達における加点評価を受けることができます（一時期税制優遇もありましたが現在は終了しています）。

法が義務付ける計画には、「計画期間」「次世代育成支援対策の実施により達成しようとする目標」「実施しようとする次世代育成支援対策の内容及びその実施時期」を盛り込むこととなっています。

「次世代育成支援対策の実施により達成しようとする目標」を前提にした「計画期間」の設定によって、段階的かつメリハリをつけた実施が可能となります。また、目標はできるだけ定量的なもの、すなわち数値目標が望ましいとされており、「やった感」だけで終わらせない取り組みの担保につながります。加えて、目標に紐《ひも》づけた「実施しようとする次世代育成支援対策の内容及びその実施時期」を明確にすることで、目標に向けて段階的に実施することを担保します。

次世代法の行動計画策定指針には、この法律に基づく取り組みが、経済領域で使われる概念である「PDCA」、すなわち「Plan（計画）」「Do（実行）」「Check（評価）」「Action（改善）」を回していく重要性が明記されていることも特筆すべきでしょう。

このように、計画を企業自らに立てさせることにはどのような意義が考えられるでしょうか。それは、企業の当該部署、担当者が、漫然と法に基づく取り組みを行うだけではなくなる、ということです。自社の状況の調査、働く人のニーズを把握し、独自に目標を定め、計画を立てることで、各企業なりのカスタムメイドの取り組みを可能にします。また、実際に担当者が「手を動かす」ことを通じて、少なくとも計画を立てた当該部署を中心に、「他人事」ではなく取り組みを進めることができる、という意義があると言えます。加えて、法定以上の取り組みについても独自に検討し、計画に盛り込み、実施を促進するという点も一つの意義と考えられます。

計画的な取り組みの応用可能性と課題

このように計画を立てて取り組む手法は、後述する女性活躍推進法もそうですが、ハラスメントや差別の是正に関する取り組みにも参考となるものでしょう。実際、パートタイム労働者の待遇改善を目的とする「パートタイム労働法（現パートタイム・有期雇用労働法）」においても、過去に厚生労働省に置かれた有識者研究会において、パートタイム労働者の教育訓練をはじめとする取り組みについて、次世代法のような形で計画策定を企業に促すべきとの意見が出されていました。[*66] このことからも、応用可能性が示唆されると言えるでしょう。

ただ、次世代法のような法制度の他領域への展開については、同じような計画策定を義務付ける法律でありながら、より定量面からの取り組みが強化されている女性活躍推進法の解説をした上で、考えていきたいと思います。

確かに、次世代法は一見とてもよくできた法律のように見えます。けれども男性の育児休業の取得率をはじめ、まだまだ日本では仕事と育児の両立支援が進んでいません。そこには、やはり次世代法の欠陥ともいうべき「抜け穴」が指摘できます。

そもそも、計画策定は「自主的」な取り組みです。法で計画策定は義務付けられていても（従業員101人以上の場合）、目標も、計画期間も、取り組みの実施時期も、企業の裁量に委ねられており、法に基づく指針は、あくまで計画の参考程度にしかならないものです。

そのため、おざなりな計画を作り、そのまま適当に放置していたとしても、法的な義務は果たせてしまう、という作りになってしまっています。計画期間一つをとっても、指針には目安として「2~5年」が望ましいとされていますが、この法律が効力を発揮している10年間いっぱい、一つの計画で済ませることも可能となっています。定量的な目標も、そのための取り組みも、楽なものを位置付ければ、たいして効果がないことは分かっていても、それで法的にはOKとなってしまうのです。

確かに、真面目に計画を立てさせるために認定制度が用意されています。しかし、当初の「くるみん認定」は、「頑張れば取れる」レベルの緩い基準で、内容が伴っているとは言い難いものでした。そのため、取得企業でおよそ両立やワークライフバランスとはかけ離れた、長時間労働による自死事件を起こしてしまっています（さすがにこの事件を契機に、「くるみん認定」取得には一定の水準が求められることになりました）[*67]。

加えて、この法律も法を守らせる仕組みが均等法などと同様で弱く、実効性が低いと言

図5　計画策定

▶女性活躍推進法における一般事業主が行うべき取組の流れ

女性活躍推進法における一般事業主が行うべき取組の流れは、以下のとおりです。

1　一般事業主行動計画の策定等について

▶ STEP1　自社の女性の活躍に関する状況把握、課題分析

◯状況把握
自社の女性の活躍に関する状況を把握してください。

◯課題分析
把握した状況から自社の課題を分析してください。

▶ STEP2　一般事業主行動計画の策定、社内周知、公表

◯行動計画の策定
ステップ1の状況把握、課題分析の結果を勘案し、行動計画を策定しましょう。行動計画には、**(a)計画期間**、**(b)数値目標**、**(c)取組内容**、**(d)取組の実施時期**を盛り込むことが必要です。

◯行動計画の社内周知、公表
行動計画を労働者に**周知**し、外部に**公表**してください。

▶ STEP3　一般事業主行動計画を策定した旨の届出

行動計画を策定・変更したら、**「一般事業主行動計画策定・変更届」**を記載し、電子申請、郵送又は持参により**都道府県労働局**に届け出てください。

▶ STEP4　取組の実施、効果の測定

定期的に、数値目標の達成状況や、行動計画に基づく取組の実施状況を**点検・評価**しましょう。数値目標の達成状況や、行動計画に基づく取組の実施状況の点検・評価を行ったら**その結果をその後の取組や計画に反映**させ、計画(**P**lan)、実行(**D**o)、評価(**C**heck)、改善(**A**ction)のサイクル(**PDCAサイクル**)**を確立**させましょう!

※STEP1、STEP4においては、必要に応じて、労働者や労働組合等に対するアンケート調査や意見交換等を実施するなど、職場の実情の的確な把握に努めていきましょう。

厚生労働省『女性活躍推進法に基づく一般事業主行動計画を策定しましょう!』を元に作成

項目を中心に、併せて任意となる20の選択項目を、定量的（一部選択項目に例外あり）に把握することが、すべての取り組みの前提となっています。加えて、定量的に把握した自社の状況に関する数値について、情報公表することも義務付けています。

法制定当時、「男性」は、「数字を見せられると納得するところがあり、数字から差別や格差を把握すれば、取り組みが進むのではないか」というこの法律の「狙い」を耳にしたことがあります。当時は経団連が「経営戦略」の一環として女性活躍を推し進める独自の取り組みをしていたこともあり、[*69] いわゆる「粘土層」をはじめとするジェンダー課題に興味のない人びとを、どのように動かすかという問題意識に基づいて、工夫がなされた法制度だったようです。

ただ、この法律も、次世代法と同様に、計画策定の内容については「任意」であることが課題と言えます。その前提となる定量的な現状把握についても、四つの基礎項目は義務ですが、その他の項目はあくまで任意です。加えて、情報公表についても、当初は一項目、現在では改正されて「女性労働者に対する職業生活に関する機会の提供」「職業生活と家庭生活との両立に資する雇用環境の整備」それぞれの項目群から一項目以上とされています。最低限二項目を公表すればよい、というのは極めて低いハードルではないでしょうか。さらに、この法律も法を守らせる仕組みは均等法と同じです。

しかし、情報公表については、義務を満たす最低限の項目だけでは企業に不利になるという事情もあるようです。当時の厚生労働省の担当課長は「女性活躍を見える化することで、先進企業は、女子学生が就職先として選んでもらえるようになる。また投資家が投資先を選ぶときにも優位になる。そういう市場原理そのものが女性活躍推進のインセンティブとなるだろう」[*70]と語っています。つまり、一ないし二項目しか公表していない企業は、求職者や投資家から「やる気がない」と見なされ淘汰《とうた》されていく、その市場原理そのものが女性活躍推進のインセンティブであるというわけです。こうした狙いから、厚生労働省は、「女性の活躍推進企業データベース」をWeb上に置き、各社の状況を比較しやすくしています。データベース上に義務となる最低限の項目しか公表していなければその企業は取り組みを進めていない、多くの項目が公表されかつその数値がよければ女性活躍が進んでいる、と見なされるので、インセンティブが働くということなのでしょう。

確かに、このデータベースから、各社の「女性」の勤続年数など、キーとなる指標をある程度見ていくことはできます。例えば、女性の勤続年数が長い企業は、妊娠・出産、育児を経ても継続就業できる環境、長時間労働その他のワークライフバランス、仕事における代替要員の確保（担当業務ベースでも代われる人がいるかも含む）などが整っていると見ることもできます。こうした企業は「男性」にとっても長時間労働の懸念が少ない、働きやすい企業と言えるでしょう。

他方で、女性活躍推進法も次世代法と同様に、認定制度が存在します。基準は次世代法よりも段階が多く、かつ最も上の「プラチナえるぼし」認定は、すべての雇用管理区分（総合職、一般職などの区分）の法定時間外労働及び法定休日労働時間の合計が各月平均45時間未満であることなどの基準を満たし、職場の状況について、8項目以上の定量的な数値を公表することが求められるなど、厳しい基準となっています。

しかし、法制定から5年程度経って、今のところ、この法制度が求職者や投資家の行動に大きく効果をあげたという話はあまり聞きません。日本のジェンダーギャップ指数も改善しておらず、この法律が期限を迎える10年を経た時にどうなっているかは、いまだ見えてきません（2022年7月、男女間賃金格差の公表が義務化されました。この重要施策の効果が期待されます）。

均等法からはじまり女性活躍推進法に至るいずれの制度も、法を守らせる規定の弱さは共通する課題として指摘されています。この点は全体としてのバージョンアップが長年の課題ともなっています。

ＬＧＢＴＱにおける計画的な取り組みの成果と課題

企業などに何らかの「計画」を自主的に立てさせ、取り組みを促進するという手法は、「若者雇用促進法」でも見られます。また、法制度ではありませんが、ＬＧＢＴＱの取り組みについて、民間団体が「ＰＲＩＤＥ指標」という取り組みを行っています。

ＰＲＩＤＥ指標は、企業内の一定の取り組みを評価し、「レインボー」「ゴールド」「シルバー」「ブロンズ」などの格付けを行い、表彰するという取り組みです。それぞれの格付けは、次世代法、女性活躍推進法の「認定」などと同じように、各社が外部に公表できることとなっています。多くの企業がＰＲＩＤＥ指標の枠組みに参加しており、大企業中心のムーブメントとして評価できる取り組みになっています。

ただ、次世代法や女性活躍推進法、そしてＰＲＩＤＥ指標においても、それぞれ本当に働きやすい職場環境を表す仕組みとなっているのか、という批判は根強く聞かれます。特に、定量的な項目の少ない次世代法、そしてＰＲＩＤＥ指標はその傾向が否めません。

また、それぞれ申告された取り組みなり定量的なデータが正確なものかどうか、チェックする仕組みが弱いことも指摘されています。次世代法や女性活躍推進法は、計画を労働局に提出することになっていますが、その様式は極めて簡易なものであり、そこで厳しいチェックを受けるという話も聞かれません。

多くの企業に取り組んでもらえるよう、その頑張りを評価することに力点が置かれると、実態としての職場環境がおざなりになってしまう。しかし、実態としての職場環境の改善は時間がかかる取り組みでもあるため、そこに力点を置きすぎると、企業がついて来なくなってしまう。このような葛藤が見え隠れすると言えそうです（特にＰＲＩＤＥ指標は、差別を禁止する法制度がない中での取り組みであり、女性活躍推進法などとはそもそも位置付けが異なる点にも留意する必要があります）。

ただそれでも、「思いやり」から一歩先に、具体的な状況把握や計画的な取り組みに歩を進めること自体は評価できます。特に「男女平等」課題においては、どのような指標が進捗を見る上で重要なのか、社会的に周知、共有されているとも言えるのではないでしょうか。

逆に、ＬＧＢＴＱの課題については、そのような指標、特に定量的な指標はまだ広く知られているとは言えません。女性活躍推進法の取り組みは、例えばシカゴ大学の山口一男氏などが、職場における男女格差の総合的指標である「男女間賃金格差」について、その要因分析の研究を長年していますが[*71]、そのような積み重ねを踏まえていると言えます。

そのため、ＬＧＢＴＱに関しても、職場で何を指標とすれば定量的に環境改善が見られるのか、例えばＩＬＯが指摘するように[*72]、職場における賃金格差の存在自体は指摘されているわけですから、その要因分析が今後の課題と言えるでしょう。

なお現時点でのＬＧＢＴＱに関する職場の先駆的取り組みについては、厚生労働省がメニューを公表しているので、参考にすることができます[*73]。

「ポジティブアクション」と「間接差別」

ここまで、既存の法制度を見てきましたが、女性活躍推進法の背景となる「ポジティブアクション」の考え方についても整理していくこととしましょう。

内閣府によれば、ポジティブアクションとは「一義的に定義することは困難ですが、一般的には、社会的・構造的な差別によって不利益を被っている者に対して、一定の範囲で特別の機会を提供することなどにより、実質的な機会均等を実現することを目的として講じる暫定的な措置のことをいいます」とされています。[*74] 憲法学者の辻村みよ子氏は『ポジティヴ・アクション――「法による平等」の技法』で国によって多様な用法があるとした上で「人種や性別などに由来する事実上の格差がある場合に、それを解消して実質的な平等を確保するための積極的格差是正措置ないし積極的改善措置」と解せるとしています。[*75] 私なりに噛み砕けば、当たり前とされているルール自体が歪んでいて、ある集団がその歪んだルールの下では十分に能力を発揮できないような時に、実質的な機会の平等を確保するために行われる手法です。

内閣府の「ポジティブ・アクション研究会」が2005年にまとめた報告書においては「実質的な機会の平等を実現するための合理的な別異取扱い」として言及されています。[*76]その社会や組織における「常識」が、実質的な機会の平等を担保できる状況にない、ということを前提にして行われる措置です。ある集団に限定してポストの枠を割り当てる「クオータ制」から、研修や環境整備のようなものまで、幅広く位置付けられます。

似たような措置として、そのルールや「常識」の物差し自体を問題とする「間接差別」があります。第1章で述べたように、直接当該属性を要件とはしていないが、実質的にその属性による差別となっている場合に、「間接差別」として問うことのできる手法です。均等法では「性別」に関する間接差別が規定されており、「性別」を直接要件としていないさまざまなルールや慣行が性差別として機能している場合に問題にすることが（一部）できるようになっています。

例えば、スポーツのルールに関連して、たまにボールの大きさやスキーの板の長さが変わることで、どこそこの国が有利あるいは不利になった、という話を聞いたことがあるかと思います。ポジティブアクションは、このスキーの板の長さで不利になっているグループに対して、環境整備や加点をするなどといった制度と言えるでしょう。他方で、間接差別は、スキーの板の長さ自体が差別であると問題にすることのできる概念と言えるでしょうか。

このように、「当たり前」とされるルールに潜む、不平等や不合理を是正する取り組みが「ポジティブアクション」や「間接差別」です。

さまざまな「ポジティブアクション」

ポジティブアクションの法的位置付けは、男女共同参画社会基本法の第二条第二号の「積極的改善措置」、第八条の「国の責務」として、この積極的改善措置を含む「男女共同参画社会の形成の促進に関する施策」を総合的に策定、実施することがあげられます。

雇用分野では、男女雇用機会均等法第八条で、同法の差別禁止規定が「女性」に対するポジティブアクションを妨げるものではないと規定し、第十四条で事業主の「雇用の分野における男女の均等な機会及び待遇の確保の支障となつている事情を改善することを目的」とする状況把握や計画策定に対して、国が相談その他の援助をできると規定しています。この十四条は国が企業などのポジティブアクションを支援できる規定と言えます。なお、この十四条の趣旨について、一定の強制力を伴って法制化したのが、「ポジティブアクション」の法律である女性活躍推進法と言えます。

そのためポジティブアクションは、女性活躍推進法などを通じて、すでに職場の取り組みにも浸透しているものと言えるでしょう。

そのことを前提に、「逆差別」などといった批判について考えたいと思います。ポジティブアクションが逆差別であるという批判について、内閣府の「研究会」は2005年の報告書の中で、ポジティブアクションは、機会の平等が形式的なものに過ぎず不合理が生ずる場合に、実質的な機会の平等を保障するために合理性のある範囲で認められる、とまとめています。この合理性の判断は、「社会構造的な問題等により男女間で事実上の格差が存在すること」「採られる手法が目的に照らして均衡のとれたものであることが必要」などとしています[*77]（なお、「社会構造的な問題等により男女間で事実上の格差が存在すること」に関連して、均等法では、一方の性が4割に満たない場合はポジティブアクションを採ることができると解されています）。

他方で、ポジティブアクションとは「クオータ制」のことである、という勘違いもよく聞かれます。ポジティブアクションのバリエーションについては、職場の取り組みを考える際に一つの参考ともなるので、ここで見ていくこととしましょう。

「研究会」は前掲の報告書の中で、ポジティブアクションの手法について三つに分類しています。なお、当時の研究会の委員であった辻村みよ子氏も『ポジティヴ・アクション』で、当該箇所について類似の取りまとめをしています。

①クオータ制、パリテ
②ゴール・アンド・タイムテーブル方式、プラス要素方式
③両立支援などの支援策、環境整備、研修制度

①は、行政の審議会や各種団体でも用いられることが多くなってきました（メンバーの4割を女性とするなど）。他方でパリテは「同等、均等」を意味するフランス語で、男女同数という意味で用いられます。政治学者の三浦まり氏は、クオータはマイノリティが代

表されるための手法であるのに対し、パリテは民主主義の原則そのものであり、人口比に即して男女で権力を分担すべきという発想から生まれた普遍原則としています。[*78]

②には、達成すべき目標と達成までの期間の目安を示して、その実現に努力するゴール・アンド・タイムテーブル方式があります。女性活躍推進法も、この発想による法制度と考えられます。一方、プラス要素方式は、同等の能力・資格がある場合に、マイノリティを優先するものです。

③には、仕事と家庭の両立支援策などの環境整備、研修などが当てはまり、狭義のポジティブアクションとは言えないような措置も入るとされています（これらを広義にもポジティブアクションに含めるかは賛否も聞かれます）。

前掲の報告書では、①を厳格、②を中庸、③を穏健なポジティブアクションとしていますが、厳格とされているクオータ制であっても、運用の方法によって抜け穴がある場合や、罰則の有無によって効果が限定的となるという指摘もあり、[*79]厳格とは言えないかもしれません。

今こそ「ポジティブアクション」を活用する

アンコンシャスバイアスが知られるようになってきた中、実質的な機会の平等を正面から捉え直し、ポジティブアクションと向き合うことは、今こそ要請されています。

女性活躍推進法において、「男女平等」についてはゴール・アンド・タイムテーブル方式や環境整備などが法制度を通じて職場に導入されてきていると言えるでしょう。

ただ、「間接差別」を法制化する際の有識者研究会では、「男性」が多い正社員と、「女性」が多いパートタイム社員の格差についても間接差別と考えられる例にあげられていました。すでに「同一労働同一賃金」に関する法制度が日本では導入されていますが、実質的な機会の平等が正社員とパートタイム社員の間で図られているのか、ポジティブアクションや間接差別の観点から、制度を見直すといったことは考えられます。

なお、均等法には三例しか間接差別が規定されていませんが、間接差別を法制化する際には正社員とパートタイム社員の格差以外にも、「世帯主要件」など七つの例があげられていました。加えて、司法の場では均等法で限定的にあげられているものだけでなく、あげられていないものも含めて間接差別となる場合があり得ると、均等法の解釈通達（註11参照）では示されています。

　他方、ＬＧＢＴＱに関する文脈において、ポジティブアクションや間接差別といった概念は、今まであまり取り上げられてきませんでした（もちろん、法制上も規定されていません）。実質的な機会の平等の確保、あるいは実質的にＬＧＢＴＱに不利に働くルールや慣行を変えることは、社会的な背景、制度や慣行といった構造を変え、真に平等な社会の実現に向け、不可欠なものです。166頁であげた、環境整備や研修（ポジティブアクションと言えないものが多数ですが）については、すでに取り組んでいる職場も多いのではないかと思います。ここから、その他のポジティブアクション概念も視野に入れて、取り組みを進めていくことは十分に考えられるのではないでしょうか（ＰＲＩＤＥ指標のような取り組みをゴール・アンド・タイムテーブル方式の視点からバージョンアップすることも考えられます）。

　少なくとも、次世代法の枠組みのように、ＬＧＢＴＱに関する取り組みを一定期間の計画として定め、目標の達成に向け、段階的な実施期間を定めて努力している例は一定の企業ですでに聞かれます。

　他方、婚姻など現在の日本の法制度では実質的に満たすことのできない要件を、間接差別法制で課題としていくということも考えられそうです。「結婚祝い金」や「慶弔休暇」などがこの対象として考えられるでしょう。ただ、これらの手当や休暇は、すでに東京都豊島区《としま》のように直接差別で取り上げている自治体があり、*80 また自主的に取り組みを進める企業も出てきています。しかし、一部の日本企業では、「婚姻」している／した経験があることが、昇進の暗黙の条件となっているところもあると聞きます。これは間接差別と考えられるでしょう。

　また、ＬＧＢＴＱに対して厳しい法制度を持つ国・地域への転勤が昇進や重要な配置に関わる場合など、職場において性的指向や性自認に関する間接差別がないかどうかをチェックすることも考えられます。

　いずれにせよ、現在の取り組みについて、ポジティブアクションや間接差別といった概念に照らして、再整理してみてもよいのではないでしょうか。

「自分ごと」にして構造的差別に切り込む

ここまで読んで「そんなことまでやらなきゃいけないのか」「それは大掛かりすぎるのではないか」と思った人がいるかもしれません。しかし、真に平等な社会や職場を実現するには、実質的な機会の平等が保障されること、実質的な差別が埋め込まれた不公正なルールがあってはならないこと、これは多くの人が同意できることではないかと思います。単に「思いやり」と言うだけでなく、その「思いやり」が形を持って行き渡るような社会とするためには、これまで示したような取り組みの検討が不可欠です。*81

よく社会問題を「自分ごと」として考えよう、と言われますが、自分の職場や地域、学校で、構造的な差別を除去する取り組みまでを考えて、はじめて「自分ごと」にすると言えるのではないでしょうか。少し厳しいことかもしれませんが、ここまで読んでくださった方には、ぜひ構造的な差別にまで切り込んで、チャレンジしてほしいと思います。

コラム④　パートナーシップ制度の論点

パートナーシップ制度とは、互いを人生のパートナーであると表明する同性カップルないし異性カップルについて、「結婚に相当する関係」と自治体が認め、証明する公的な書類などを工夫する制度です。

２０１５年に東京都渋谷区と世田谷区で導入されて以降、全国の自治体に広がるパートナーシップ制度は、制度の重要性を表す取り組みの例と言えるでしょう。

このパートナーシップ制度の制定にあたってはいくつかの論点があります。本書執筆時点であげられる論点を整理しておきたいと思います。

１　根拠規定

制度を条例で定めるのか、要綱で定めるのかという論点です。条例は自治体域内の「法律」のような位置付けですが、要綱は原則的に役所内部で通用する制度になります。

条例は自治体の議会の議決（多数決）が必要な一方、要綱は首長の意向のみで導入可能ですが、廃止する際にも首長の意向のみで可能なので、選挙で首長が代わると廃止される可能性もあります。他方で、条例の場合は一旦導入されると、廃止にも議会の議決が必要なので、安定性、継続性があるとされます。

2 制度の様式や名称

制度の様式は大きく二つに分かれます。制度の取得に公正証書（証書の作成等により一定の事項を公証人に証明させることで私的法律関係の明確化・安定化を図る制度）を必要とする場合と、必要としない場合です。前者の自治体は東京都渋谷区と港区（港区は私文書認証でもよいようです）となっており、ほとんどの自治体は公正証書を必要としません。

他方で、公正証書を必要としない自治体の中でも、東京都中野区のように、公正証書ありのバージョンと、なしのバージョンを選べるようにもなっています。

公正証書があるほうが法的な信頼性が高いとも言われますが、そもそもパートナーシップ制度自体には法的な効力がありません。そのため、法的な信頼性と言われる部分は、公正証書を結んだ範囲、公正証書の効力であるとも言えます。ですから、パートナーシップ制度の取得に公正証書を必要としない自治体においても、自分たちで制度とは別に公正証書を結べば、その範囲で法的効力があることとなります。公正証書の有無は、制度を取得する際の間口の広さの問題と考えるべきでしょう。

なお、公正証書を必要としない自治体においても、その制度の名称が「宣誓」「登録」「届出」と分かれています。特に名称で効果が変わるものではありません。ただ、「宣誓」はカミングアウトを強要しているようなイメージがあるといった声や、婚姻届は「届出」なのにパートナーシップ制度はなぜ「宣誓」や「登録」なのか、といった声から、名称についても模索が続いています。

3　取得要件

パートナーシップ制度で取得対象者の範囲を決めることとなる「要件」は、大きく①性別、②居住地、③養子縁組の扱いなどがあげられます。

①については、⑴戸籍上の同性カップルの場合、⑵戸籍上の性別にかかわらず自認する

性が同性である場合も含む「同性カップル」の場合、⑶双方又は一方が性的マイノリティである場合、⑷同性・異性を問わない（男女の事実婚を含む）場合があげられます。⑴と⑵の違いは、トランスジェンダーを考慮に入れているか否かの違いと言えるでしょう。

②については、⑴双方が当該自治体内に同居、⑵双方が自治体内に居住（同居は要件ではない）、⑶いずれか一方が自治体内に居住、⑷いずれか一方が自治体内に居住、在勤または在学、があげられます。

③については、自治体の多くは民法上婚姻できない近親者同士のカップルを制度から除外していますが、一方で婚姻できない同性カップルがパートナーに財産相続するために、便宜的に普通養子縁組の制度を利用するケースがあることを踏まえ、近親者から除外する規定を置いている場合があります。⑴養子縁組している者同士は一律不可、⑵養子縁組を解消すれば可、⑶上述の事情などから同性カップルなどであることを理由とした養子縁組の場合は可、となります。

いずれの要件を考慮するにあたっても、パートナーシップ制度自体は、法的な効果をもたらすものでないことから、できるだけ対象者を幅広にすることが望ましいと言えます。

他方で、法的効果がなかったとしても、公の機関である自治体が二人の関係性を認めるという意味で、重要な制度と捉えられています。

4 その他

この他に、カップルもしくは一方の子どもとの関係を証明する「ファミリーシップ制度」を導入する自治体の他、制度利用による「アウティング」をしないよう呼びかける取り組みも行われています。

また、証明書を携帯しやすいよう、財布などにも入りやすい「カード型」証明書を発行する自治体も増えてきています。このカード型証明書に緊急連絡先カードの意味合いを付与することも考えられます。

第5章　LGBTQ課題における制度と実践

「SOGIハラ」が「パワハラ」となった背景

２０２２年４月から、改正労働施策総合推進法、いわゆる「パワハラ防止法」が中小企業にも適用となりました。

これにより、性的指向・性自認に関するハラスメントも、すべての企業で防止対策を採ることが義務となります。この点は、拙著『ＬＧＢＴとハラスメント』を含め、さまざまな情報発信、解説がなされているところです。

ところで、この法律の話をすると、よく聞かれることがあります。「どうしてＳＯＧＩハラはセクシュアルハラスメントではなく、パワーハラスメントに規定されることになったのか」、あるいは第3章で提起したようにジェンダー規範を問うていくのであれば「セクシュアルハラスメント」に規定すべきだったのではないか、というような意見も耳にします。

その経過は、一概に永田町・霞ヶ関《かすみがせき》の論理というわけではなく、法制上の理由もありました。この点について解説していくこととしたいと思います。

男女雇用機会均等法上のセクシュアルハラスメント（つまり、国家公務員適用の人事院規則10－10が適用される以外のもの）は、法制上「性的な言動」、もう少し分かりやすく言えば「卑猥《ひわい》な言動」（俗に言えば「エッチな言動」）以外はセクハラではない、と解釈されています。例えば「お茶汲みは女性がやるべき」との発言が出た場合、これは「性的な言動」とは見なされず、セクハラではなくその背景となる「性別役割分担意識に基づく言動」、いわゆるジェンダーハラスメントだと解されます。実際に一方の性の労働者にのみお茶汲みに従事させた場合は、均等法六条違反の「性別」による「差別的取扱い」となり得ます。

性的指向・性自認に関するハラスメントは、人事院が2016年に、人事院規則10－10でセクシュアルハラスメントの一部だと解釈を示しました。しかし、この解釈では、性的指向・性自認に関するハラスメントは、セクシュアルハラスメントの中の「性別により差別しようとする意識等に基づくもの」、すなわち「ジェンダーハラスメント」的なものとされました。

すると、「ジェンダーハラスメント」を「セクハラ」としていない均等法においては、SOGIハラは「セクハラ」ではない、という整理になってしまいます。

この点は、自民党の橋本岳議員が端的に述べています。

もともとセクハラにSOGIハラの問題も入れるべきではという問題がありましたが、セクハラが限定的に解釈されていたため、綺麗《きれい》に入れることができませんでした。今回パワハラという枠組みの中で整理し、SOGIハラについても盛り込むことができました。実効性については議論が残っていますが、まずは一歩なのか半歩なのか、進めることができたのではないかと思っています。*82

このようなことから、「SOGIハラがパワハラ?」あるいは「アウティングがパワハラ?」など、現場において分かりにくさ、戸惑いもあるようですが、アウティングがパワハラに含まれ、その防止対策が措置義務（労働施策総合推進法第三十条の二）の範囲であることなどは、厚生労働省も指針やパンフレットで特記しているところです。*83

ちなみに、厚労省の通達では、「なお、性的指向・性自認以外の労働者の属性に関する侮辱的な言動についても、職場におけるパワーハラスメントの3つの要素を全て満たす場合には、これに該当すること」とされており、「性的指向」「性自認」以外でも、「性別」による侮辱的言動となるジェンダーハラスメント、「人種」や「障がい」といった他の課題のハラスメントについても、パワーハラスメントとなり得ることが示唆されています（パンフレットにも記載）。これは、各職場で十分に留意すべき点でしょう。

既存の法制度だからこそ抵抗感が少ない?

一方で、SOGIの課題がハラスメント防止法の枠組みに入ったことは、現場の取り組みやすさにもつながっていると感じます。

というのも、ハラスメント防止法制は、最初に規定されたセクシュアルハラスメント防止から、職場の義務になって約15年が経過しています。続くマタハラ、育児や介護に関するハラスメント、それぞれの防止法制も、基本的には同じ枠組みで、同じことを職場に義務として課しています。

すると、防止する対象が「性的指向」「性自認」に関するハラスメントであったとしても、社内ですでに制度化されている一連の取り組みのフローに乗っていくものとなります。性的指向や性自認といった概念自体は新しいものでも、実際の取り組み自体が既存のフローとなるのであれば、敷居が低くなるからです（もちろん、性的指向や性自認とは、どんなハラスメントが起こるのかなどを知ることや、対応できる相談スキルを磨くことは必要です）。

加えて、各法に基づく、各ハラスメント防止指針では、それぞれのハラスメントについて「一元的に対応することが望ましい」とされています。現場では、きれいに「パワーハラスメント」とは分けられた「セクシュアルハラスメント」が起こるわけではありません。セクハラのような、パワハラのような、あるいはSOGIハラのような、どのハラスメントにもまたがるようなことが起こるものです。「障がい」や「人種」に関するものも含めて、どんなハラスメントについても対応できるようにしておくことが必要でしょう。

ただ、そうは言っても、ハラスメントごとに特に注意すべき点もあります。

性的指向、性自認に関しては、アウティングの対応において、他のハラスメント対応とは異なる対応が求められます。

区内の企業でアウティング事件が起こった東京都豊島区では、私や弁護士の方も一員を務める男女共同参画苦情処理委員たちが、域内のアウティングの再発防止のために、図6のようなポイントについて意見表明書を提出しました。これを区は受け入れ、産業関係団体などと連携して周知・啓発を進めることとしています。

また、第4章で厚労省などの調査について詳しく見たように、ハラスメント法制自体の実効性の「弱さ」も問題で、措置が義務化されていたとしても、取り組みの実施率は低迷しています。

こうした実施率の低迷は、均等法などの法を守らせることの実効性の「弱さ」に起因すると思われます。法制度があっても、その法の趣旨を行き渡らせることが自動的にできるわけではなく、法制度がスタートラインに過ぎないことを如実に表しているとも言えます

図6　SOGIハラ・アウティングを起こさないために

◆豊島区男女共同参画苦情処理委の「意見表明書」(2020年12月10日)概要

●再発防止等のために広く区内企業に向けた周知資料を作成すべきである

内容として、

1)性自認又は性的指向に関する基礎知識

2)アウティングやカミングアウトのあり様やその特徴

3)条例違反となる性自認又は性的指向に関する人権侵害
＊注:豊島区内における条例違反

4)改正労働施策総合推進法の施行により性的指向・性自認に関するハラスメント(「アウティング」含む。)は雇用管理上の措置義務の対象であること

以上のそれぞれについて掲載することが必要

特に前掲 2)「アウティングやカミングアウトのあり様やその特徴」について下記を盛り込むことが適当

①カミングアウトは、あくまで一人ひとりに対して行われるものであり、集団に対して行われることは稀である。また、アウティング行為は行為者の意図を問わない。

②カミングアウトが被害につながる前提として、公表した場合に被るリスクや困難があり、カミングアウトしない／できない場合の日常的な困難(例えば日常会話に困難を抱える等)があること。

③性自認又は性的指向は、機微な個人情報と位置付けられ、プライバシー保護措置の対象であること。

④「アウティング」が起こった場合の適切な事後対応には、一般的なハラスメント被害に対する事後対応の他、本人の同意を得ない情報が広まった範囲を確認し本人と共有すること、更なるアウティングが起こらないよう広まった範囲内の情報管理の徹底などが含まれること。

豊島区の資料を元に作成

（義務となっていない制度の場合は、そのラインがさらに下がってしまうわけですが……）。

加えて、ハラスメント防止法制は、ハラスメント自体が「禁止」されているわけではなく、あくまで措置の一内容として社内規定によって「禁止」することを義務付けるにとどまります。そのため、司法の場で手がかりとなりにくい法制度になっていることも、すべてのハラスメントの法制度に共通する問題です。また、「雇用」の場以外では、「ハラスメント」に関する法整備はなされておらず（「いじめ」や「虐待」に関するものはあり）、対象領域の狭さも課題と言えます。

ＳＯＧＩハラだけを考えても、あるいは他のハラスメントを考えても、この点は共通する課題と言えるでしょう。

ＬＧＢＴＱの法整備をめぐる大きな動き

２０２１年の４月から６月にかけては、いわゆる「ＬＧＢＴＱ」をめぐる法整備についても大きな動きがありました。本節では、一連の動きについて、概要を確認するとともに、少し議論の整理を記しておこうと思います。

なお、最初に整理しておくと、以下に記載する法案の名称はあくまで「俗称」であり、正式名称は長いものが別にあります。加えて「LGBT○○法」と書いてありますが、「LGBT」について規定した法案は一つもなく、すべて「性的指向」と「性自認」（もしくは「性同一性」）が規定された法案となっています。この点は重要な論点として後述しますが、これら一連の法案は、すべての人が関わる「性的指向」「性自認」を規定していることから、「LGBTQ」のみならず多数派にも効力が及ぶものです。例えば「性的指向」による差別禁止という規定は、ゲイやレズビアン、バイセクシュアルのみならず、ヘテロセクシュアルに対する差別的取扱いも禁止されるのです。

まず、「LGBTQ」をめぐっては、いくつかの法案が示されていますが、どのような案が発表されているのか、やや錯綜しているところも見られるので、整理しておきたいと思います。

私が所属するLGBT法連合会が市民団体の試案として発表しているのが、「性的指向および性自認等による差別の解消、ならびに差別を受けた者の支援のための法律に対する私たちの考え方〜困難を抱えるLGBTの子どもたち等への一日も早い差別解消を〜」、

図7　LGBT差別禁止法（試案）

性的指向および性自認等による差別の解消、ならびに差別を受けた者の支援のための法律（LGBT差別禁止法）に対する私たちの考え方の概要

困難を抱えるLGBTの子どもたち等への一日も早い差別解消を

●差別を解消するための制度（全ての行政機関と事業者の法的義務）

- 直接差別（関係差別・憶測差別含む）の防止および禁止
- 間接差別の防止および禁止
- LGBTへのハラスメントの防止および禁止
- 合理的配慮義務
- 報復の禁止

○基本方針などの策定（当事者等の意見反映義務）▶▶▶
- 政府全体の基本方針の策定
- 国・地方向けの対応要領の策定および事業者向けの指針の策定

○行政による指導・監督 ▶▶▶▶ 主務大臣による報告の徴収・助言・指導・勧告

○司法による救済 ▶▶▶▶▶▶▶▶ 訴訟等の法的手続による権利侵害の救済

本法の適用範囲、子ども・教育、雇用、医療、公共サービス、民間事業、司法手続等の分野

●差別を解消するための支援措置

- 相談センターの設置
- 地域における連携体制の整備
- 啓発活動
- 情報収集等

この考え方は障害者差別解消法、男女雇用機会均等法、DV防止法、多摩市女と男の平等参画を推進する条例、イギリス平等法などを参考にしました。

LGBT法連合会の資料を元に作成

通称「LGBT差別禁止法」（試案）です。正式タイトルは差別の「解消」となっていますが、内容としては、男女雇用機会均等法や障害者差別解消法などと同じように「差別の禁止」を規定しており、そこを強調するために「差別禁止法」という略称となっています。概要については図7を参照してください。

なお、LGBT法連合会は、国際団体などとともに2020年から行っているキャンペーン「Equality Act Japan―日本にもLGBT平等法を」の中で「LGBT平等法」を目指すとしていますが、この「平等法」は「差別禁止法」と同じ内容を指しています。

イギリスでは「性別」や「障がい」など各分野の差別禁止法を統合したものを、通称「平等法」と呼び、両者はほぼ同じ内容として見られているようです。イギリスの場合、各分野の差別禁止法を統合した「平等法」のほうが、差別禁止法よりも積極的に平等を目指すために「公的機関の平等義務」などを規定しているとの指摘もあります。

差別禁止法と平等法は、差別を禁止することで平等な社会を実現するという意味で同じ内容を指しますが、キャンペーンではより目指す社会を強調したいということで「LGBT平等法」をキャンペーンのサブタイトルの「名称」として採用しました。

①LGBT差別解消法

2016年1月に当時の民主党が取りまとめ、超党派の「LGBTに関する課題を考える議員連盟」に持ち込まれた「ＬＧＢＴ差別解消法」骨子のたたき台、そのマイナーチェンジを経て２０１６年と２０１８年に野党各党が国会へ提出したものが「ＬＧＢＴ差別解消法」です。

障害者差別解消法に置かれている差別的取扱い禁止をはじめとする差別解消のための規定に加え、学校や雇用におけるいじめやハラスメントの防止、男女雇用機会均等法にならって雇用の全ステージにおける差別的取扱いの禁止などが置かれています。「ＬＧＢＴ差別禁止法」も障害者差別解消法や男女雇用機会均等法を参考としているので似た規定は多いのですが、「ＬＧＢＴ差別禁止法」が学校や雇用以外の分野におけるいじめやハラスメントの防止などを置いているのに対して、「ＬＧＢＴ差別解消法」は学校や雇用分野のみを対象としています。また、「ＬＧＢＴ差別禁止法」は地方自治体に相談センターの設置を規定しますが、差別解消法にはそれがありません。

他方、「ＬＧＢＴ差別禁止法」は、あくまで市民団体の試案に過ぎませんが、「ＬＧＢＴ差別解消法」は衆議院法制局の審査を経て、国会に提出されている「法案」です。この衆議院法制局の審査を経た法案であるということは押さえておく必要があります。

②ＬＧＢＴ理解増進法

自民党の性的指向・性自認に関する特命委員会が取りまとめたのが、「ＬＧＢＴ理解増進法」です。これには二つのバージョンがあり、２０１６年に自民党特命委員会が提起したものと、２０２１年に自民党特命委員会が提起して超党派の「ＬＧＢＴに関する課題を考える議員連盟」に持ち込んだものがあります。

いずれも、自民党の意思決定機関である総務会で承認されたものではないため、自民党総体ではなく、自民党の性的指向・性自認に関する特命委員会の案、ということになります。

２０１６年の理解増進法が、人権教育・啓発推進法とほぼ同内容の規定となっているのに対し、２０２１年の理解増進法は、自治体や企業、学校などに啓発や相談窓口設置の努力義務を課しています。ただ、いずれの法律も義務（必ずやらなければならない）とされているのは、中央政府の取り組みのみとなっています。２０１６年案では、国の責務と基本計画策定、官僚による連絡会議が義務規定となっています。２０２１年案では、国の基本計画策定（国の責務は努力義務に）、調査研究、毎年の白書の発行、官僚による連絡会議が義務規定となっています。

そのため「理解増進法」という名称からイメージされるような「啓発」を直接進める内容ではなく、実際は「啓発を進めるための政府の体制整備」をすることが法の効果であるということができます。これは論点として重要なので後述します。

他方で、この2021年理解増進法が自民党特命委員会で提案された際に、同じ会議の中でトランスジェンダーへのバッシングとも取れる報告がなされたと聞きます。実際に、2016年案と2021年案の違いは、法的効果について示す上記規定以外にも、「ジェンダーアイデンティティ」の訳語を「性自認」とするか、「性同一性」とするか、あるいはその定義の書き振りをどうするか、も一つの違いとされていました。2021年当初の議論では、訳語を「性自認」とすると「朝は男、昼は女、夜は男」という人が出てくるのでダメだ、といった言説が出ていたそうです。自民党案に採用した訳語である「性同一性」としなければ、「自分が今日から女性だと言えば、女湯に入れるようになる」というフェイクニュースさながらの言説が展開されたとされます。[*84]

こうしたことから、2021年案が法律になるということは、このようなフェイクニュースも「理解」として啓発される（正確に言えばその体制が整備される）ということなのか、と衝撃が広がりました。この点も後述します。

与野党合意案の内容と法的な効果とは？

2021年4月半ばから5月初旬にかけて、前述の野党案と、2021年自民特命案について、それぞれ与野党で論点整理・擦り合わせが行われました。自民党は稲田朋美（自民党性的指向・性自認に関する特命委員会委員長〈議連会長代理〉）、野党は西村智奈美（立憲民主党SOGIPT座長〈議連幹事長〉）、この二人の衆議院議員が担当者となりました。

この擦り合わせの結果、与野党で2021年5月14日に議員連盟の総会で確認された案は、2021年自民党案の目的と基本理念に、次の傍線部分などを加えたものでした。

第一　目的

この法律は、全ての国民が、その性的指向又は性自認にかかわらず、等しく基本的人権を享有するかけがえのない個人として尊重されるものであるとの理念にのっとり、性的指向及び性自認を理由とする差別は許されないものであるとの認識の下、性的指向及び性自認の多様性に関する国民の理解の増進に関する施策の推進について、国の役割等を明らかにするとともに、必要な措置を定め、もって性的指向及び性自認の多様性を受け入れる精神の涵養《かんよう》並びに性的指向及び性自認の多様性に寛容な社会の実現に資することを目的とすること。

第三　基本理念

性的指向及び性自認の多様性に関する国民の理解の増進に関する施策は、全ての国民が、その性的指向又は性自認にかかわらず、等しく基本的人権を享有するかけがえのない個人として尊重されるものであるとの理念にのっとり、性的指向及び性自認を理由とする差別は許されないものであるとの認識の下、相互に人格と個性を尊重し合いながら共生する社会の実現に資することを旨として行われなければならないこと。

加えて、2021年自民党案の「性同一性」を「性自認」に変更する一方で、自民党案の「性同一性」の定義の文言を「性自認」の定義に加えるという修正も図られました。

問題は目的規定と基本理念の規定の修正によって法的な効果がどうなるのか、ということでしたが、残念ながらこの修正によって明確な法的な効果がある、変わる、というものではありませんでした。

ただ、トランスジェンダーに対する差別的な「理解」については、一定程度抑えることができると解しています。法の目的に「差別は許されないものであるとの認識の下」と入るため、「差別は許されない」という認識に基づく理解のための行政の体制整備がなされると解されるためです。基本理念の規定はより具体的に、国、地方公共団体、事業主、学校の施策の実施などの努力義務、ならびに国の基本計画策定義務規定にかかっており、この基本理念に則《のっと》ることが規定されています。そのため、「差別」的な取り組みや基本計画は法の理念に反すると解されることが予想されました。

超党派の議員連盟で合意された案は、他の法案の例を見ても通常の場合、議員連盟に参加している各党のメンバーが持ち帰り、各党の法案審査を経て、議員連盟にその報告がなされる流れとなります。その上で、各党が合意した場合は、超党派の議員立法として国会に提出されることになるのですが……。この時は、自民党以外の各党の法案審査は終えたものの、自民党のみ法案審査が紛糾することとなったのです。

論点①「差別は許されない」という文言

議員連盟で合意した案のうち紛糾したのは、「差別は許されない」という文言と、「性自認」という定義規定についてでした。

このうち、「差別は許されない」については、前述の通り法的な効力を持つものではありません。聞くところによると、衆議院の法制局もそのように説明していたそうです。

しかしながら、自民党内では「神社で同性カップルが挙式しようとするのを拒否すると訴訟問題になるのでは」「行き過ぎた運動や訴訟につながるのではないか」というような意見が出てきました。

本書でここまで述べてきたように、男女雇用機会均等法など明確な差別的取扱いの禁止規定があっても、法を守らせる効力が弱いことが指摘されています。刑事罰が科されていないのも前述の通りです。民事訴訟を念頭に置いてか、簡単に「訴訟が」と言われますが、差別禁止規定を使って訴訟を起こそうとする場合、現在の規定では、差別的取扱いがあったことの立証責任は訴えた側にあります。どのように役所や企業などが差別的取扱い（すなわちダブルスタンダード）を行ったのかを十分な証拠をもって証明する必要が出てくるのです。なので、自民党内では「神社が云々」「訴訟が乱発する」「行き過ぎた訴訟」などと言われたようですが、実務はそうはいきません。それでも、社会の中で差別はダメだという認識が共有されることだけでも意味がある、ということを私たちは繰り返して、差別禁止規定を訴えてきました。

与野党合意案は、差別禁止規定ですらない、法的な効力のない「目的」や「基本理念」であり、民事訴訟に使おうと思ってもより一層難しいというのが実務的な感覚だと、弁護士からは聞かされていました。

それでも、差別はダメだという「認識」が担保され、バッシングするような「理解」につながらない施策の推進、という当たり前の前提を確保すべく、与野党合意案を辛うじて評価するという声明をＬＧＢＴ法連合会も出していました。しかし、それすらも法的効果があるかのように誇張され、槍玉にあげられてしまったのは、とても残念なことでした。

一方、多数派への逆差別になるのでは、という指摘も出たようです。「性的指向」「性自認」という多数派も捉えた規定となっているため、多数派への差別もLGBTQへの差別も、同様に許されないという認識の下、理解増進の施策を行う、というのが与野党合意案の条文でした。しかしこれもLGBTQだけ差別は許されないと謳うのはけしからん、と「誤読」され、批判を受ける理由の一つとされてしまいました。これを聞いた時は、本当に落胆し、せめて法律の条文を正確に読んでほしい、そう切々と思ったものです。

論点②「性自認」という定義規定

もう一つ論点となっていたのが、「性自認」という定義規定です。

この「性自認」が論点となったのは、2021年自民党特命委案において、以下のような主張から Gender Identity の訳語を「性同一性」にすべきと、言われていたからでした。

一つは、Gender Identity の訳語を「性同一性」ではなく、「性自認」にしてしまうと、意味が変わってしまうという主張です。前述したように、「性自認」という言葉だと、「朝は男、昼は女、夜は男」というような人を認めることとなり、男が「私は女だと言い張れば、女風呂に入ることができる」という主張がなされていました。

二つ目に、Gender Identity の直訳は「性自認」ではなく「性同一性」なので、「正しい」訳語を採用すべきという主張もありました。

三つ目に、性自認は活動家が勝手に使っている用語であり、医学などで通用する「性同一性」を採用すべきという主張もありました。

このような見解に対して、私がハフポストの記事で触れた、性同一性障害学会の理事にして日本性科学会の理事長、精神科医の針間克己《はりまかつき》氏にヒアリングした内容を掲載したいと思います。

ヒアリングで針間氏から得られたのは、主に①訳語で原語の意味は変わらない（そういった議論はそもそもおかしい）、②「性同一性」は心と身体の一致という間違った定義に誤解されやすいので、「性自認」という語が広く使われるようになった、③この分野の古典であるジョン・マネーの『性の署名』の訳書（１９７９年）で、既に

「性自認」が訳語として使われていた、という3点の知見だった。[*85]

この針間氏の見解[*86]だけでも、三つの主張の反論として十分だと思いますが、二点目については、ＬＧＢＴ法連合会の代表理事である原ミナ汰《た》氏が、私が本書を書くにあたって、以下のように詳しく述べています。

「『性はスペクトラム（連続体）である』という概念とその実態が十分に理解されないまま『性同一性障害』という言葉が広まったことで、『心と身体の性別が一致していないというなら、身体のほうを心に合わせればいい』との誤解が生じた。そして、自己の性別表現が男女二分化された性別規範に合わない人や、性別表現に揺らぎがある人に対して、周囲がシスジェンダー規範を振りかざし、『男か女か、どっちかにしろよ』などと一致を迫るようになった。その結果、『いや、私は〇〇だと自認しています』などと、ジェンダーに関する自己認識を他者に伝える必要性が生じ、『性自認』という訳語が多用されるようになって、現在に至る。こうした過去の議論経過からみると、今になって『性同一性』こそが正しいジェンダーアイデンティティの訳語だとするには無理がある」

また、特に三点目に関連することとして、ＬＧＢＴ法連合会が調査したところ、さまざまな領域で「性自認」の言葉が使われていることが確認されています。

日本医師会の常任理事が委員として、日本医学会の会長がオブザーバーとして参画する委員会で作られた『医学教育モデル・コア・カリキュラム』、助産師基礎テキスト第2巻『女性の健康とケア』（日本看護協会出版会）、『公認心理師試験出題基準 平成31年版』、『社会学事典』、『現代社会学事典』といった専門家集団が公式に作成した学術的文書においても「性自認」の訳語が採用されています。これらは専門教育・専門家の育成において用いられる用語の基準となるものであり、重い事実ではないでしょうか。[*87]

さらに、全国の自治体の条例も調べたところ、２０２１年4月2日時点で「性同一性」という語を単独で使っている自治体はなく、すべての自治体が性自認を採用していました。加えて、本書で取り上げてきたハラスメント防止の法制度においても「性自認」がすでに使用されています。

そして、経済産業省でトランスジェンダーの原告がトイレの利用を制限された事件においては、地裁、高裁ともに原告の「性自認」を正面から否定する発言を違法としており、かつ判決が原告の当事者にとって思わしくないとされる高裁においてさえ「自らの性自認に基づいた性別で社会生活を送ることは、法律上保護された利益であるというべきである」と判示されていることも踏まえるべきでしょう（東京高裁、2021年5月27日判決）。

以上のように、さまざまな領域において確立した知見を、新たな独自解釈でひっくり返すことについては、ある与党の議員も「革命だ」と漏らすほどでした。

こうしたことから、当初展開されていた「性同一性」を採用すべきという主張は、しっかりと検証すれば、どの主張もやや的外れなものと言えます。

ただ、上述の三つだけが「性同一性」を採用したいという主張の背景ではなかったようで、その裏には、以下の二つの隠された思惑も見え隠れしていました。

ある時、「アイデンティティは固定的で変わらないものでなくてはならない、という考え方、信念のようなものを持っている政治家や関係者がいる、それが『同一性』なる言葉にこだわる背景にある」と話す与党関係者がいました。「固定的なアイデンティティ」とは、この文脈では「固定的な男女」しか許さないということのようで、そのことはXジェンダーや、ノンバイナリー（宇多田ヒカルさんのカミングアウトでニュースにもなりました）など、男女どちらでもない人やどちらでもある人などを排除することにつながる懸念があると、LGBT法連合会内部でも議論となりました。これは、当然私たちにとって容認できない議論です。

もう一つは、あわよくば性同一性障害ではないトランスジェンダーを排除したい、という思惑です。

それは、「性同一性障害」はすでに「性同一性障害特例法」で使われているからこそ、定義規定は「性同一性」が良い、と述べる関係者がいたからです。性同一性障害特例法は、性同一性障害の診断を受けたトランスジェンダーのみが対象であり、診断を受けていないトランスジェンダーは対象にはなっていません。

加えて、法案の議論が一旦終わった後の話ですが、法案反対をかねてから表明していた、保守派のブレーンである八木秀次氏は、2021年12月、「性自認」は治癒した例があると書いた記事を寄稿しています[*88]（性的指向も並列して言及）。この記述自体、どこに根拠があるか分からない、性的マイノリティそのものの存在を否定するかのようなものです。もちろん、現状、科学的に「治せる」などということは証明されていません。そのような中で「ＬＧＢＴなんて治せばいいんだ」とも取れる乱暴な議論は、背筋が寒くなるものでした。

この二つの思惑は、「性自認」という定義規定に反対するすべての人が共有することではなかったようですが、逆に言えばさまざまな思惑が絡み合って、「性自認」という定義規定はダメなんだ、という大合唱につながっていました。

問われる法制度へのリテラシー

ここまで書いた通り、過去から積み上げられてきた議論を踏まえれば、あるいは法律の条文を見れば、あり得ないはずの議論が最終盤で出てきてしまったのは、忸怩《じくじ》たる想いでした。

その要因の一つには、すでに筆者が指摘してきている通り、多くの「新規に参入」してきた国会議員や報道の存在があります。[*89] ただ、それに加えて、報道を受けたＳＮＳ上などでの反応も含めて、ある種の「フェイクニュース」のような一群ができてしまっていたことも新たに指摘したいと思います。当時は、ＳＮＳの反応を受けてか、議員事務所に反対のＦＡＸが大量に送られてきたと聞きます。

当事者団体の発信力の強化もさることながら、どのようにこうした誤った情報に対処していくのか、一人ひとりの法制度へのリテラシーも問われていると言えるかもしれません。

コラム⑤　報道のガイドラインとトラブル事例

私が所属するＬＧＢＴ法連合会では『ＬＧＢＴＱ報道ガイドライン―多様な性のあり方の視点から―』という資料を頒布しています。[*90] この資料は、報道機関の記者有志との対話の中で作り出されたものです。そのため、当事者として記者のみなさんに気をつけてほしい知識やポイントはもちろん、記者の側からも、当事者に対して必要となる取材対応に関する知識やポイントなどが記載されており、記者と当事者それぞれのチェックリストも掲載しています。

このガイドラインは、報道の現場だけでなく、企業の広報や、個人も含めたＳＮＳなどでの情報発信の際に気をつけるポイントにも応用できるとして、多くの問い合わせをいただいています。

さて、そんな報道ガイドラインの策定にあたっても、性的マイノリティ関連の取材における、思いやりだけではうまくいかない事例が、いくつか議論されました。

2018年4月に実施されたLGBTに関する取材を受けた経験のある人たちを対象とした毎日新聞のアンケート調査では、いわゆる差別的な呼称や対応の他に、「ステレオタイプな描き方」も課題となりました。「LGBT」は、「かわいそうな人たち」、あるいは「優秀」など、「他者化」するような表現に対する違和感が寄せられていました。[*91]

思い出してみると、私もある行政の広報誌のインタビューを受けた際に、大学生の時にピンク系の色の服「も」好きだったことや、いわゆるメンズ用だけれどもロングカーディガンなど、やや「ひらひらした服」が好きだったことについて、ことさらに強調する原稿が回ってきて驚いたことがありました。確かにそのようなこと「も」話したのですが、全体の中で「そこだけ」が強調されてしまうというのも、ある種のバイアスなのではと首を捻《ひね》ったところです。

このように、書き手や編集者の思い込み、アンコンシャスバイアスに基づいて編集してしまうことは、たとえ「善かれ」と思ったことでも、報道や広報など多くの人の目に触れる媒体では、特にその影響を考慮し、避けるべきでしょう。

他にも、無意識の思い込みとして、あるテレビ記者の、トランスジェンダーの性的指向を勝手に異性愛だと思い込んで失敗した例や、性別違和を抱える人たちの集まりの中で、本人に確認を取らずに思い込みで「身体の性」を書いたため、後で取材対象者から意見が寄せられ削除した例なども第1版には掲載されていました。

この報道ガイドラインは2022年4月に改訂され、第2版には新たに注意が必要なトピックやフレーズが追加されています。第1版と比べて幅広い分野のトピックが並べられ、ここ数年の裾野の広がりも感じられます。「発信」に携わられている方に、ぜひ一度ご覧いただければと思います。

おわりに

本書は、筆者が日頃から疑問に思ってきた「思いやり」問題について、担当する大学の授業や企業研修、自治体の講座などの事例を通じて、考えていることを形にしたものです。

筆者が日常的に書いている文章からすると、やや「攻めた」内容となっており、論争的なテーマにもチャレンジしてみました。また、本業である「ＬＧＢＴＱ」だけでなく、元々専門としていた「男女平等」をはじめ広く「ジェンダー」課題や政策についても取り扱い、「ジェンダー」と「ＬＧＢＴＱ」の二つの観点から、見えてくる課題を提示したつもりです。加えて、「思いやり」に還元されがちな、グッドマン氏の言うところの「抵抗」についても掘り下げました。本書が学術と実践をつなぐ一冊になればと考えています。

このように、筆者初の単著として意欲的に取り組んだ、といえば聞こえはいいのですが、ハラハラドキドキ、果たしてどのように受け入れられるのか（この本は役に立つのか!?）など、執筆中も七転八倒の日々でした。

このような中で、原稿にコメントをいただいた、青柳江理さん、有田伸也さん、岩渕智広さん、岩本健良さん、太田美幸さん、小田瑠依さん、北川純さん、齋藤久子さん、西良朋也さん、原ミナ汰さん、藤井ひろみさん、内藤忍さん、松岡宗嗣さん、三浦まりさん、宮崎理さん、宮崎由佳さん、宮脇正一郎さんにはこの場を借りて感謝申し上げたいと思います。執筆期間中にご迷惑をおかけした、LGBT法連合会のスタッフのみなさんにも改めて御礼を申し上げたいと思います。

また、前作にも増して企画段階、目次作りなど、さまざまなアドバイスをいただいた編集者の藁谷浩一さんには、改めて感謝いたします。

本書を通じて、少しでも課題認識や取り組みが進み、社会が進歩することに寄与できれば何よりだと思っています。

２０２２年７月

神谷悠一

註

はじめに

＊1　なお本書では、シスジェンダー・ヘテロセクシュアル、いわゆる多数派男性や多数派女性を「男性」「女性」と表記します。トランスジェンダー男性、ゲイ男性、など、性的マイノリティを念頭に、このような表記としています。

＊2　訳語は下記から引用しました。日本学術会議『性的マイノリティの権利保障をめざして（Ⅱ）―トランスジェンダーの尊厳を保障するための法整備にむけて―』。https://www.scj.go.jp/ja/info/kohyo/pdf/kohyo-24-t297-4.pdf

第1章

＊3　例えば鹿嶋敬氏は当時の「『ジェンダー』に対する拒否反応」について一節設けて解説しています。鹿嶋『男女共同参画の時代』岩波新書、２００３年、50〜52頁。その他に、下記などにも詳しい。若桑みどり他編著『「ジェンダー」の危機を超える！―徹底討論！バックラッシュ』青弓社、２００６年。

＊4　例えば下記など。Safe Campus、一般社団法人「Voice Up Japan」慶應支部『SEXUAL CONSENT HANDBOOK』２０２１年３月。https://site-1988780-8082-8248.mystrikingly.com/

＊5　「ＩＭＦラガルド氏　日本ＧＤＰ25％縮小に警鐘と打開策」日経 xwoman、２０１９年３月29日。https://aria.nikkei.com/atcl/column/19/032500088/032500001/

＊6　P&G「ダイバーシティ&インクルージョン（多様性の受容と活用）への取り組み」2020年。https://jp.pg.com/newsroom/2020diversity-and-inclusion/

＊7　「ビール文化に多様性を。キリンのクラフトビール事業を立ち上げたマネージャーの挑戦」Hills Ignition Program、2018年。https://hiptokyo.jp/hiptalk/giraffe_craft_beer/1

＊8　やらされ感がある場合に出てくる答弁という要素もあるようです。

＊9　「『思いやり』だけじゃない　日本企業が世界で問われる人権意識」毎日新聞、2021年12月30日。https://mainichi.jp/articles/20211228/k00/00m/020/177000c

＊10　日本労働組合総連合会「【集計結果】6月10日（火）～11日（水）『女性のための全国一斉労働相談―STOP！セクハラ・パワハラ・マタハラ―』」。https://www.jtuc-rengo.or.jp/soudan/soudan_report/data/20140610-20140611.pdf

＊11　なお、均等法第七条に基づく厚生労働省令では間接差別となる三つの例を限定列挙していますが、法の解釈通達「改正雇用の分野における男女の均等な機会及び待遇の確保等に関する法律の施行について」では、この三つの例以外でも司法の場において間接差別となることがあり得るとしています。

＊12　平沢安政『人権教育・啓発推進法』と『世界プログラム』の活用を！」2012年。https://blhri.org/old/info/koza/koza_0232.htm

＊13　上杉孝實「人権教育・啓発法制定一〇周年を迎えての課題」『ヒューマンライツ』2010年11月号、一般社団法人部落解放・人権研究所、12頁。

＊14　「差別禁止」規定が「啓発」に資するという答弁が、東京都議会におけるSOGI差別を禁止する

条例についての議論でも見られました。例えば、平成30年10月2日の東京都議会総務委員会における谷村委員の質問に対する答弁を参照。https://www.gikai.metro.tokyo.jp/record/general-affairs/2018-10.html

＊15 Joan Wallach Scott, *Gender and the Politics of History*, Columbia University Press, 1988.（荻野美穂訳『増補新版 ジェンダーと歴史学』平凡社、２００４年、24頁）

＊16 加藤秀一『はじめてのジェンダー論』有斐閣、２０１７年、ii〜iii頁。

第2章

＊17 「(#ニュース4U) 男性へのセクハラ 気づいて 女性から交際迫られ 男性から風俗誘われ」朝日新聞、２０２０年9月25日夕刊。

＊18 釜野さおり・石田仁・風間孝・平森大規・吉仲崇・河口和也 ２０２０『性的マイノリティについての意識：２０１９年（第2回）全国調査報告会配布資料』ＪＳＰＳ科研費（18H03652）「セクシュアル・マイノリティをめぐる意識の変容と施策に関する研究」（研究代表者 広島修道大学 河口和也）調査班編、１０８〜１０９頁。http://alpha.shudo-u.ac.jp/~kawaguch/2019chousa.pdf

＊19 ILO, "Discrimination at work on the basis of sexual orientation and gender identity: Results of the ILO's PRIDE Project", 2015. https://www.ilo.org/wcmsp5/groups/public/--dgreports/--gender/documents/briefingnote/wcms_368962.pdf なお、邦訳は、ＩＬＯ「性的指向や性同一性に基づく職場での差別：ＩＬＯのＰＲＩＤＥプロジェクト」『WORK&LIFE 世界の労働』日本ＩＬＯ協議会、２０

15年5号、23頁。

*20 トランスジェンダーの場合は「ジェンダーを偽りたくなかったから」という表現のほうが適切と言えるでしょう。

*21 三菱UFJリサーチ&コンサルティング『令和元年度　厚生労働省委託事業　職場におけるダイバーシティ推進事業　報告書』2020年、237頁。https://www.mhlw.go.jp/content/000673032.pdf

*22 厚生労働省『多様な人材が活躍できる職場環境づくりに向けて~性的マイノリティに関する企業の取り組み事例のご案内~』2021年、5頁。https://www.mhlw.go.jp/content/000808159.pdf

*23 Eve Kosofsky Sedgwick, *Epistemology of the Closet*, University of California Press, 1990.（外岡尚美訳『クローゼットの認識論—セクシュアリティの20世紀』新装版、青土社、2018年、97~98頁）

*24 全日本自治団体労働組合第38年次自治研作業委員会『LGBTQ+／SOGIE自治体政策』2022年、38~41頁。https://www.jichiro.gr.jp/jichiken_kako/sagyouiinnkai/38-lgbtq/LGBTQ+%EF%BC%8F SOGIE自治体政策_カラー版_2203.pdf

*25 『女子雇用管理とコミュニケーション・ギャップに関する研究会報告書』21世紀職業財団、1993年。

*26 何も「困っていない」というから制度はいらないと述べる当事者もいます。本当にそうなのかもしれませんが、この章で見てきたような「カミングアウトしない」ことによる日常会話の困難について、セジウィック氏も言及しているような「出会いのたび」の新たな探査、計算などについて、当たり前になりすぎていて、意識化できていないということもあるように見えます。このような事情を背景に、そ

んな大それたことはしなくていい、痛い目に遭うくらいなら放っておいてほしい、という本文で述べているような状況につながる場合も少なくないように思います。

＊27 前掲註21の226、230頁を参照。

第3章

＊28 Diane J. Goodman, *Promoting Diversity and Social Justice: Educating people from Privileged Groups* (Second Edition), Taylor & Francis, 2011.（出口真紀子監訳、田辺希久子訳『真のダイバーシティをめざして―特権に無自覚なマジョリティのための社会的公正教育』上智大学出版、2017年、73～93頁）

＊29 上野千鶴子『発情装置―エロスのシナリオ』筑摩書房、1998年、241～258頁。

＊30 前掲註29の245～246頁を参照。

＊31 前掲註28の88頁を参照。

＊32 前掲註1で示したように、本書で鉤括弧付きの「女性」との表記はシスジェンダー・ヘテロセクシュアルの女性のことを指しています。

＊33 イギリス下院議員マリ・ブラック氏の公式ツイッターの動画より。https://twitter.com/MhairiBlack/status/1410617488656633865?s=20

＊34 https://trans101.jp/2021/10/23/1-2/

＊35 https://trans101.jp/2021/10/23/1/

*36 https://trans101.jp/2021/11/06/1-7/
*37 生田綾「トランスジェンダーが『女性の安全を脅かす』という言説は誤り。性暴力被害の支援者たちが訴える」ハフポスト日本版、２０２１年11月21日。https://www.huffingtonpost.jp/entry/story_jp_6195e619e4b044a1cc02391e
*38 立石結夏「(第3回) トランスジェンダーと『性暴力論』を切り離す」Ｗｅｂ日本評論、２０２１年４月28日。https://www.web-nippyo.jp/23197/
*39 立石結夏・河本みま乃「(第1回) 男女別施設・サービスとトランスジェンダーをめぐる問題」Ｗｅｂ日本評論、２０２１年４月26日。https://www.web-nippyo.jp/23123/
*40 関東弁護士会連合会『性別違和・性別不合があっても安心して暮らせる社会をつくる―人権保障のため私たち一人ひとりが何をすべきか―』、２０２１年。http://www.kanto-ba.org/news/2021年度関弁連シンポジウム報告書.pdf
*41 小山エミ・荻上チキ「ここがよく出る！　七つの論点」、双風舎編集部編『バックラッシュ！』２００６年、３７１～３７５頁。
*42 佐藤文香「フェミニズムに苛立つ『あなた』へ――『怒り』はどこへ向かうべきなのか」『論座』２００６年４月号、朝日新聞社、２１４～２１５頁。
*43 キム・ジヘ著、尹怡景訳『差別はたいてい悪意のない人がする―見えない排除に気づくための10章』大月書店、２０２１年、44頁。キム・ジヘ氏はインタビューの中で、他のマイノリティ性を持つ人との連帯に関連して、女性とトランスジェンダーの例にも言及しています。https://book.asahi.com/

article/14532082

＊44　前掲註24の102頁を参照。

＊45　ただ、現時点で性的マイノリティやトランスジェンダーについての統計は極めて少ない状況にあり、こうした統計の少なさも差別の厳しさを表しているのではないかと受け止められます。

＊46　浅倉むつ子「多摩市条例―『先進的』と呼ばれる条例策定までの道のり」、LGBT法連合会編『「LGBT」差別禁止の法制度って何だろう？―地方自治体から始まる先進的取り組み』かもがわ出版、2016年、99頁。

＊47　加藤秀一「ことばは生きている、あるいは、よりよき相互理解のために」前掲註3『「ジェンダー」の危機を超える！』156頁。

＊48　保護者からの性的加害については、児童虐待防止法が適用されますが実効性に課題があります。

＊49　男性の小便器にプライバシーがあるのかという議論もあり得ます。

＊50　「第5次男女共同参画基本計画」2020年、154頁。https://www.gender.go.jp/about_danjo/basic_plans/5th/pdf/yougo.pdf

＊51　公益財団法人日本女性学習財団「ジェンダー統計」『キーワード・用語解説』https://www.jawe2011.jp/cgi/keyword/keyword.cgi?num=n000033&mode=detail&catlist=

＊52　内閣府「ジェンダー統計の観点からの性別欄検討ワーキング・グループ（第2回）議事録」4～5頁。https://www.gender.go.jp/kaigi/senmon/wg-seibetsuran/pdf/kai02-g.pdf

＊53　「不正入試の東京医大、今春は男女の合格率ほぼ同じに」朝日新聞デジタル、2019年5月21日。

https://www.asahi.com/articles/ASM5P3H8LM5PUTIL00Q.html

＊54 例えば、下記を参照。鈴木みのり「わたしの声の複数―トランスジェンダー女性の生／性の可能性を探って」『新潮』２０２０年３月号、２０１～２１１頁。

＊55 「『男だから平気だと思った』セクハラ受けたトランス女性、会社と上司を提訴」弁護士ドットコムニュース、２０２２年5月27日。https://www.bengo4.com/c_18/n_14525/

＊56 WHO, *Eliminating forced, coercive and otherwise involuntary sterilization: an interagency statement*, OHCHR, UN Women, UNAIDS, UNDP, UNFPA, UNICEF and WHO, 2014, p7. http://apps.who.int/iris/bitstream/handle/10665/112848/9789241507325_eng.pdf;jsessionid=BBA1E4910DDCA6B69DB79984E9354CD?sequence=1

＊57 なお、法的な性別の変更が容易になることへの批判も聞かれます。ただ、良かれ悪しかれ、日本の性同一性障害特例法は、五つの要件と同時に、二人以上の医師に「性同一性障害」であると診断されることも性別変更の要件となっています。

＊58 前掲註24の65頁を参照。

＊59 八木秀次「『ＬＧＢＴ差別解消法案』の問題点―婚姻・家族制度の崩壊促し、思想・信条の自由侵害の危険性―」一般社団法人平和政策研究所、２０１６年。https://ippjapan.org/archives/1587

第４章

＊60 厚生労働省「職場におけるパワーハラスメント対策が事業主の義務になりました！～セクシュア

ルハラスメント対策や妊娠・出産・育児休業等に関するハラスメント対策とともに対応をお願いします～～」２０２２年、20頁。https://www.mhlw.go.jp/content/11900000/000611025.pdf

＊61　厚生労働省「労働者に対する性別を理由とする差別の禁止等に関する規定に定める事項に関し、事業主が適切に対処するための指針」２００６年、５頁。https://www.mhlw.go.jp/general/seido/koyou/danjokintou/dl/20000401-30-1.pdf

＊62　『雇用における男女平等に関する調査報告書（２０１７年実施）』（「れんごう政策資料」２４１）、日本労働組合総連合会、２０１７年、50～53頁。

＊63　厚生労働省「企業調査結果概要」『令和２年度雇用均等基本調査』２０２１年、10頁。https://www.mhlw.go.jp/toukei/list/dl/71-r02/02.pdf

＊64　なお、２０１６年の労働政策研究・研修機構（ＪＩＬＰＴ）の「妊娠等を理由とする不利益取扱い及びセクシュアルハラスメントに関する実態調査結果」では、セクシュアルハラスメントがあってはならない旨の方針の明確化が29・６％、この方針の管理職研修など周知啓発が16・３％、この方針の全労働者に対する研修など周知啓発が11・４％にとどまっています。同様に、セクシュアルハラスメント行為者に対する懲戒などの対処方針の文書化は25・７％、この対処方針の管理職に対する周知啓発は８・８％、この対処方針の全労働者に対する周知啓発は10・４％となっています。少し古い調査ですが、厚労省の調査と手法などが異ならないにもかかわらず、大きく結果が違っています。ＪＩＬＰＴの調査のほうが、取り組み内容を細かく聞いていることも一因だと考えられますが、そのことは措置義務の一つひとつに厳密に取り組んでいるわけではないという職場の実態とも受け止められます。

＊65　ここ数年はコロナ禍の影響からか、相談件数の大幅な増加に比べて、是正指導件数が半減に近い状況にあります。厚生労働省「令和２年度都道府県労働局雇用環境・均等部（室）における法施行状況について」。https://www.mhlw.go.jp/content/11900000/000799643.pdf

＊66　厚生労働省雇用均等・児童家庭局『今後のパートタイム労働対策に関する研究会報告書』２０１１年、44～45頁。https://www.mhlw.go.jp/stf/shingi/2r9852000001pr8j-att/2r9852000001pty7.pdf

＊67　例えば下記記事を参照。小林明子「働きやすさか　働きがいか　電通のくるみん返上で問われる『いい会社』の基準」BuzzFeed News、２０１６年。https://www.buzzfeed.com/jp/akikokobayashi/kurumin-mark

＊68　厚生労働省『女性活躍推進法に基づく一般事業主行動計画を策定しましょう！』２０２１年、２頁。https://www.mhlw.go.jp/content/11900000/000614010.pdf

＊69　例えば下記を参照。厚生労働省「２０１４年９月11日　第１４７回労働政策審議会雇用均等分科会の議事録について」https://www.mhlw.go.jp/stf/shingi2/0000066765.html

＊70　麓幸子「『女性活躍の見える化』法律で義務化のインパクト」NIKKEI STYLE、２０１５年。https://style.nikkei.com/article/DGXMZO89547530R20C15A7000000/

＊71　例えば下記など。山口一男「男女の賃金格差解消への道筋：統計的差別に関する企業の経済的非合理性について」独立行政法人経済産業研究所、２００７年。https://www.rieti.go.jp/jp/publications/dp/07j038.pdf

＊72　International Labour Conference,"Equality at work: The continuing challenge", 2011, p51.

https://www.ilo.org/wcmsp5/groups/public/---ed_norm/---declaration/documents/publication/wcms_166583.pdf

*73 厚生労働省「『多様な人材が活躍できる職場環境に関する企業の事例集～性的マイノリティに関する取組事例～』を作成しました（令和元年度）」。https://www.mhlw.go.jp/stf/seisakunitsuite/bunya/koyou_roudou/koyoukintou/0000088194_00001.html

*74 内閣府男女共同参画局「ポジティブ・アクション」https://www.gender.go.jp/policy/positive_act/index.html

*75 辻村みよ子『ポジティヴ・アクション―「法による平等」の技法』岩波新書、2011年、72頁。

*76 内閣府男女共同参画局ポジティブ・アクション研究会『ポジティブ・アクション研究会報告書』2005年、8頁。https://www.gender.go.jp/kaigi/kento/positive/siryo/pdf/honbun.pdf

*77 前掲註76に同じ。

*78 三浦まり『私たちの声を議会へ―代表制民主主義の再生』岩波書店、2015年、197頁。

*79 三浦まり「クオータの取扱説明書《トリセツ》―なぜ候補者を女性に割り当てるのか」『世界』2021年7月号、岩波書店、173～174頁。

*80 豊島区男女共同参画苦情処理委員「多様な性自認・性的指向の区教職員に対する制度の見直しについて」。https://www.city.toshima.lg.jp/049/documents/2003271350.html

*81 「合理的配慮」が社会構造を変える上で俎上《そじょう》にのぼることがあります。事業者や事業主の負担が荷重でない範囲で、調整する法制度です。reasonable accommodation という原語を「合理的配慮」と訳

すことには異議もあり、「合理的調整」ではないかとの意見も聞かれます。「配慮」では実際のアクションが伴わないとの指摘もあり、本書とも関係のある論点です。

第5章

＊82　松岡宗嗣「党派を超えた連携で『ＳＯＧＩハラ対策』実現。『第４回レインボー国会』が開催」ハフポスト日本版、２０１９年。https://www.huffingtonpost.jp/entry/story_jp_5d0c6b28e4b07ae90d9ac512

＊83　欧米では、性的指向や性自認について「性別」に読み込む法制や裁判例もあり、その意味で均等法の今後が問われていると筆者は考えています。

＊84　藤沢美由紀「トランスジェンダーへの誤った認識　自民党勉強会でも」毎日新聞Ｗｅｂサイト、２０２１年５月９日。https://mainichi.jp/articles/20210509/k00/00m/010/077000c

＊85　神谷悠一「【ＬＧＢＴ新法めぐる議論】差別をなくす取り組みの広まりは歴史的な達成。今後の課題は？」ハフポスト日本版、２０２１年。https://www.huffingtonpost.jp/entry/story_jp_60e7c538e4b015898510bab4

＊86　なお後日、この定義問題について針間氏に追加ヒアリングを行っています。下記を参照。神谷悠一「『ジェンダー統計と性別欄を検討するにあたって前提となるトランスジェンダーをめぐる困難について』10頁。https://www.gender.go.jp/kaigi/senmon/wg-seibetsuran/sidai/pdf/wg03_5.pdf

＊87　最近では社会福祉士と精神保健福祉士の国家試験の共通問題でも、「性自認」の語が問題の選択肢

の一部に使用されています。

＊88　八木秀次「正論　ＬＧＢＴ法案に科学的根拠あるか」産経新聞、２０２１年12月14日。https://www.sankei.com/article/20211214-BC6I3XPO7ZJ4JBBAGYNQE3HRM4/

＊89　前掲註85を参照。

＊90　ＬＧＢＴ法連合会『ＬＧＢＴＱ報道ガイドライン—多様な性のあり方の視点から—』https://lgbtetc.jp/news/2467/

＊91　「ＬＧＢＴ取材『知識不足』課題を指摘」毎日新聞Ｗｅｂサイト、２０１８年5月16日。https://mainichi.jp/articles/20180515/k00/00m/040/033000c

＊ＵＲＬは２０２２年7月22日アクセス

神谷悠一（かみや　ゆういち）

一九八五年岩手県生まれ。早稲田大学教育学部卒、一橋大学大学院社会学研究科修士課程修了。LGBT法連合会事務局長、内閣府「ジェンダー統計の観点からの性別欄検討ワーキング・グループ」構成員、兵庫県明石市LGBTQ+/SOGIE施策アドバイザー。これまでに一橋大学大学院社会学研究科客員准教授、自治研作業委員会「LGBTQ+/SOGIE自治体政策」座長を歴任。著書に『LGBTとハラスメント』など。

差別《さべつ》は思《おも》いやりでは解決《かいけつ》しない ジェンダーやLGBTQから考《かんが》える

集英社新書一一二六B

二〇二二年八月二二日　第一刷発行
二〇二四年六月　八　日　第四刷発行

著者……神谷悠一《かみやゆういち》

発行者……樋口尚也

発行所……株式会社集英社
東京都千代田区一ツ橋二-五-一〇　郵便番号一〇一-八〇五〇
電話　〇三-三二三〇-六三九一（編集部）
〇三-三二三〇-六〇八〇（読者係）
〇三-三二三〇-六三九三（販売部）書店専用

装幀……原　研哉

印刷所……TOPPAN株式会社

製本所……株式会社ブックアート

定価はカバーに表示してあります。

ISBN 978-4-08-721226-6 C0232

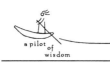